U0668438

杭州优秀传统文化丛书

Hangzhou Youxiu Chuantong Wenhua Congshu

从此天堂在人间

张爱萍——著

杭州出版社

图书在版编目（CIP）数据

从此天堂在人间 / 张爱萍著 . —— 杭州：杭州出版社，2022.8
（杭州优秀传统文化丛书）
ISBN 978-7-5565-1687-2

Ⅰ.①从… Ⅱ.①张… Ⅲ.①儒杭州—地方史 Ⅳ.
① K295.51

中国版本图书馆 CIP 数据核字（2022）第 003183 号

Congci Tiantang Zai Renjian

从此天堂在人间

张爱萍/著

责任编辑	杨清华
装帧设计	祁睿一 李轶军
美术编辑	祁睿一
责任校对	萧 燕
责任印务	屈 皓
出版发行	杭州出版社（杭州市西湖文化广场32号6楼） 电话：0571-87997719 邮编：310014 网址：www.hzcbs.com
排 版	浙江时代出版服务有限公司
印 刷	天津画中画印刷有限公司
经 销	新华书店
开 本	710 mm × 1000 mm 1/16
印 张	15
字 数	187千
版 印 次	2023年1月第1版 2023年1月第1次印刷
书 号	ISBN 978-7-5565-1687-2
定 价	58.00元

序　言

文化是城市最高和最终的价值

　　我们所居住的城市，不仅是人类文明的成果，也是人们日常生活的家园。各个时期的文化遗产像一部部史书，记录着城市的沧桑岁月。唯有保留下这些具有特殊意义的文化遗产，才能使我们今后的文化创造具有不间断的基础支撑，也才能使我们今天和未来的生活更美好。

　　对于中华文明的认知，我们还处在一个不断提升认识的过程中。

　　过去，人们把中华文化理解成"黄河文化""黄土地文化"。随着考古新发现和学界对中华文明起源研究的深入，人们发现，除了黄河文化之外，长江文化也是中华文化的重要源头。杭州是中国七大古都之一，也是七大古都中最南方的历史文化名城。杭州历时四年，出版一套"杭州优秀传统文化丛书"，挖掘和传播位于长江流域、中国最南方的古都文化经典，这是弘扬中华优秀传统文化的善举。通过图书这一载体，人们能够静静地品味古代流传下来的丰富文化，完善自己对山水、遗迹、书画、辞章、工艺、风俗、名人等文化类型的认知。读过相关的书后，再走进博物馆或观赏文化景观，看到的历史遗存，将是另一番面貌。

过去一直有人在质疑，中国只有三千年文明，何谈五千年文明史？事实上，我们的考古学家和历史学者一直在努力，不断发掘的有如满天星斗般的考古成果，实证了五千年文明。从东北的辽河流域到黄河、长江流域，特别是杭州良渚古城遗址以距今5300—4300年的历史，以夯土高台、合围城墙以及规模宏大的水利工程等史前遗迹的发现，系统实证了古国的概念和文明的诞生，使世人确信：这里是古代国家的起源，是重要的文明发祥地。我以前从来不发微博，发的第一篇微博，就是关于良渚古城遗址的内容，喜获很高的关注度。

我一直关注各地对文化遗产的保护情况。第一次去良渚遗址时，当时正在开展考古遗址保护规划的制订，遇到的最大难题是遗址区域内有很多乡镇企业和临时建筑，环境保护问题十分突出。后来再去良渚遗址，让我感到一次次震撼：那些"压"在遗址上面的单位和建筑物相继被迁移和清理，良渚遗址成为一座国家级考古遗址公园，成为让参观者流连忘返的地方，把深埋在地下的考古遗址用生动形象的"语言"展示出来，成为让普通观众能够看懂、让青少年学生也能喜欢上的中华文明圣地。当年杭州提出西湖申报世界文化遗产时，我认为这是一项需要付出极大努力才能完成的任务。西湖位于蓬勃发展的大城市核心区域，西湖的特色是"三面云山一面城"，三面云山内不能出现任何侵害西湖文化景观的新建筑，做得到吗？十年申遗路，杭州市付出了极大的努力，今天无论是漫步苏堤、白堤，还是荡舟西湖里，都看不到任何一座不和谐的建筑，杭州做到了，西湖成功了。伴随着西湖申报世界文化遗产，杭州城市发展也坚定不移地从"西湖时代"迈向了"钱塘江时代"，气势磅礴地建起了杭州新城。

从文化景观到历史街区，从文物古迹到地方民居，众多文化遗产都是形成一座城市记忆的历史物证，也是一座城市文化价值的体现。杭州为了把地方传统文化这个大概念，变成一个社会民众易于掌握的清晰认识，将这套丛书概括为城史文化、山水文化、遗迹文化、辞章文化、艺术文化、工艺文化、风俗文化、起居文化、名人文化和思想文化十个系列。尽管这种概括还有可以探讨的地方，但也可以看作是一种务实之举，使市民百姓对地域文化的理解，有一个清晰完整、好读好记的载体。

传统文化和文化传统不是一个概念。传统文化背后蕴含的那些精神价值，才是文化传统。文化传统需要经过学者的研究提炼，将具有传承意义的传统文化提炼成文化传统。杭州与丛书作者在创作方面作了种种古为今用、古今观照的探讨交流，还专门增加了"思想文化系列"，从杭州古代的商业理念、中医思想、教育观念、科技精神等方面，集中挖掘提炼产生于杭州古城历史中灵魂性的文化精粹。这样的安排，是对传统文化内容把握和传播方式的理性思考。

继承传统文化，有一个继承什么和怎样继承的问题。传统文化是百年乃至千年以前的历史遗存，这些遗存的价值，有的已经被现代社会抛弃，也有的需要在新的历史条件下适当转化，唯有把传统文化中这些永恒的基本价值继承下来，才能构成当代社会的文化基石和精神营养。这套丛书定位在"优秀传统文化"上，显然是注意到了这个问题的重要性。在尊重作者写作风格、梳理和讲好"杭州故事"的同时，通过系列专家组、文艺评论组、综合评审组和编辑部、编委会多层面研读，和作者虚心交流，努力去粗取精，古为今用，这种对文化建设工作的敬畏和温情，值得推崇。

人民群众才是传统文化的真正主人。百年以来，中华传统文化受到过几次大的冲击。弘扬优秀传统文化，需要文化人士投身其中，但唯有让大众乐于接受传统文化，文化人士的所有努力才有最终价值。有人说我爱讲"段子"，其实我是在讲故事，希望用生动的语言争取听众。今天我们更重要的使命，是把历史文化前世今生的故事讲给大家听，告诉人们古代文化与现实生活的关系。这套丛书为了达到"轻阅读、易传播"的效果，一改以文史专家为主作为写作团队的习惯做法，邀请省内外作家担任主创团队，组织文史专家、文艺评论家协助把关建言，用历史故事带出传统文化，以细腻的对话和情节蕴含文化传统，辅以音视频等其他传播方式，个失为让传统文化走进千家万户的有益尝试。

中华文化是建立于不同区域文化特质基础之上的。作为中国的文化古都，杭州文化传统中有很多中华文化的典型特征，例如，中国人的自然观主张"天人合一"，相信"人与天地万物为一体"。在古代杭州老百姓的认知里，由于生活在自然天成的山水美景中，由于风调雨顺带来了富庶江南，勤于劳作又使杭州人得以"有闲"，人们较早对自然生态有了独特的敬畏和珍爱的态度。他们爱惜自然之力，善于农作物轮作，注意让生产资料休养生息；珍惜生态之力，精于探索自然天成的生活方式，在烹饪、茶饮、中医、养生等方面做到了天人相通；怜惜劳作之力，长于边劳动，边休闲娱乐和进行民俗、艺术创作，做到生产和生活的和谐统一。如果说"天人合一"是古代思想家们的哲学信仰，那么"亲近山水，讲求品赏"，应该是古代杭州人的生动实践，并成为影响后世的生活理念。

再如，中华文化的另一个特点是不远征、不排外，这体现了它的包容性。儒学对佛学的包容态度也说明了这一点，对来自远方的思想能够宽容接纳。在我们国家的东西南北甚至是偏远地区，老百姓的好客和包容也司空见惯，对异风异俗有一种欣赏的态度。杭州自古以来气候温润、山水秀美的自然条件，以及交通便利、商贾云集的经济优势，使其成为一个人口流动频繁的城市。历史上经历的"永嘉之乱，衣冠南渡"，"安史之乱，流民南移"，特别是"靖康之变，宋廷南迁"，这三次北方人口大迁移，使杭州人对外来文化的包容度较高。自古以来，吴越文化、南宋文化和北方移民文化的浸润，特别是唐宋以后各地商人、各大商帮在杭州的聚集和活动，给杭州商业文化的发展提供了丰富营养，使杭州人既留恋杭州的好山好水，又能用一种相对超脱的眼光，关注和包容家乡之外的社会万象。这种古都文化，也代表了中华文化的包容性特征。

城市文化保护与城市对外开放并不矛盾，反而相辅相成。古今中外的城市，凡是能够吸引人们关注的，都得益于与其他文化的碰撞和交流。现代城市要在对外交往的发展中，进行长期和持久的文化再造，并在再造中创造新的文化。杭州这套丛书，在尽数杭州各色传统文化经典时，有心安排了"古代杭州与国内城市的交往""古代杭州和国外城市的交往"两个选题,一个自古开放的城市形象,就在其中。

"杭州优秀传统文化丛书"团队在传统和现代的结合上,想了很多办法,做了很多努力。传统文化丛书要得到广大读者接受,不是件简单的事。我们已经走在现代化的路上,传统和现代的融合,不容易做好,需要扎扎实实地做,也需要非凡的创造力。因为,文化是城市功能的最高价值,也是城市功能的最终价值。从"功能城市"走向"文化城市",就是这种质的飞跃的核心理念与终极目标。

2020 年 9 月

(单霁翔,中国文物学会会长)

千里江山图（局部）

目　录

前篇

美丽杭州

　　杭州，古有"钱唐""钱塘"等称，浙江省会，地处中国华东地区，东南沿海，钱塘江下游，京杭大运河的南端，是一座景色优美、人文荟萃、物阜民丰的城市。

　　历代众多的文人墨客，因喜爱与仰慕，歌咏杭州。其中便有"忆江南，最忆是杭州""静中看锁印，高处见迎潮""潮色银河铺碧落，日光金柱出红盆""犹忆西窗月，钟声在北林"等等，数不胜数。

　　如果在网络上搜索一下"杭州旧名片"，马上会看到，杭州有两张大的旧名片，各以地名来命名，即跨湖桥和良渚。

　　跨湖桥，通过考古在这里发现了独木舟、草药罐、漆弓、彩陶、家猪，还有慢轮制陶技术和水平踞织机，长江下游最早的栽培稻……而这一切，竟然出现在七八千年前，让人不免觉得不可思议。

　　良渚，这是一个从古代沿袭下来的地名，意思是美好的水中陆地，通过考古发现，这里有大型的土台建筑，高等级的贵族墓葬与祭台，无比精美的玉礼器，还有世界上最早的水利设施等等，这一切的精美与宏大，实在令人叹为观止。

在良渚文化的火花消退之后，杭州出现了较长时间的沉寂期，至今在历史记载上留有一段空白。直到春秋战国时期，杭州成了吴国和越国争霸的古战场。到了2200多年前，秦始皇统一六国，杭州始设县治，称钱唐。当然，对于当时的大秦帝国来说，钱唐只是一个无足轻重的小县。

隋朝正式废钱唐郡称杭州，并开凿大运河。大运河的贯通，使得杭州成为"珍异所聚""商贾并辏"的商业都市。

到了唐朝，据记载，在贞观年间，杭州居民已逾十万户。中唐之后，杭州已经被冠上了"东南名郡"的头衔。

到了五代十国期间，吴越国把杭州定为都城，此后休兵息民，筑墙扩城，打造美丽国都。同时修筑海塘，疏浚西湖，凿平罗刹石，兴修水利，开垦圩田，积极发展生产与对外贸易，极大地促进了杭州的繁荣与发展。经过吴越国王钱镠，以及后继君王的治理与发展，杭州逐渐发展为富庶之地，物华天宝之都，从而有了"东南第一州"的美称。

吴越国之后的北宋大词人柳永，作了一阕著名的词《望海潮·东南形胜》，可以说是对杭州城当时的面貌做了个比较全面的总结：

> 东南形胜，三吴都会，钱塘自古繁华。烟柳画桥，风帘翠幕，参差十万人家。云树绕堤沙，怒涛卷霜雪，天堑无涯。市列珠玑，户盈罗绮，竞豪奢。　　重湖

叠巘清嘉，有三秋桂子，十里荷花。羌管弄晴，菱歌泛夜，嬉嬉钓叟莲娃。千骑拥高牙，乘醉听箫鼓，吟赏烟霞。异日图将好景，归去凤池夸。

南宋时，杭州再度被定为都城。虽然当时的诗人林升不无责备地说"暖风熏得游人醉，直把杭州作汴州"，但毫无疑问，当时地处东南的杭州城，成为中原沦陷、万马齐喑时期，赵氏帝王的安憩地，而且也成为南方大地上，百千万百姓的避难所。

到了元、明、清时期，杭州一直是中国的中心城市。在史料的记载中，尽是"物阜民丰""繁华交汇""国际都市"这样的赞誉与称谓。元人称"五方之民所聚，货物之所出，工巧之所萃，征输之所入，实他郡所不及"，明人徐一夔称"人马杂沓，声嚣若雷，气滃如雾"。著名的西方游历商人马可·波罗形容杭州是"世界最美丽华贵之天城"。

历史的千帆过尽，时代的朝阳升起。

今日的杭州，在网上输入"杭州新名片"再搜索一下，也便马上看见——环杭州湾大湾区核心城市，沪嘉杭 G60 科创走廊中心城市，国际重要的电子商务城市。2016 年，20 国集团（G20）峰会在杭州召开。2022 年亚运会将在杭州举办。到 2020 年，连续十四年被评为"中国最具幸福感城市"；到 2020 年，杭州市实现全国文明城市"四连冠"；2013 年，杭州市获得"全国平安综治优秀市"荣誉称号；等等。

在本书中，作者试图阐述的是，东海之滨，钱塘江两岸，地理位置优越的杭州城，以及以耕读传家，以勤俭立身的杭州人民，怎样哺育了千年前"东南永作金天柱"

的吴越首府杭州城，怎样成就了五代十国乱世之中世外桃源般的人间奇域。还试图阐述吴越国王钱镠与其后继君王对吴越国都杭州城这个恩地良城，如何积极地去回报与馈谢。

且看，画图彩笔写西湖，波光潋滟无限好。

从此天堂在人间

HANG ZHOU

第一章

唐末杭州三次大战全部胜出，从此华丽地登上历史舞台，

第一节　黄巢军扑向杭州，临安"八百里"化敌

故事从唐乾符六年（879）开始。乾符六年，也就是唐朝纪元中的一年，好像也没有什么特殊的事。然而四年前发生的农民起义，给了唐朝廷凶狠的一击，到了四年之后的这个时候，原先强盛的王朝，已经出现风雨飘摇、日薄西山的景象。

朝中龙椅上坐的是唐僖宗李儇。这李儇，是位年轻的皇帝。当年年仅十二岁，便登上了皇帝的宝座。时间过去了五年，如今已经十八岁。十八岁的年轻人，应该能够感受到身下龙椅的颠簸，以及江山社稷的飘摇。但是，这位纨绔子弟，想的不是和他祖辈一样做个发奋有为的少年君王。好比他的先祖唐太宗李世民，"太宗十八举义兵，白旄黄钺定两京"，起兵打江山的时候，也才十八岁。而李儇只想着玩乐，最喜欢干的事是踢球，还说要是举办全国踢球比赛，他肯定能得"状元"。

就在李儇踢球的时候，河山南北，有一支支的队伍，在头人的带领下，正在行进。这是什么样的队伍？这队伍很长，在山谷和河川间逶迤，见首不见尾。队伍中的

将士们，有的骑马，有的步行。他们手中的武器，有刀枪，也有斧子和锄头。他们没有坚硬的盔甲，没有统一的战服，也没有整齐的队形。他们扛着一面简陋却张扬的旗帜，旗上呈现一个大大的"黄"字。

这是起义者的队伍。

起义军的首领，叫黄巢。

黄巢和他手下的将士们，如同矢志啃烂大唐长堤的蚁族，义不容辞地，势不可当地，摧枯拉朽地，四面出击，攻打这个看似宏大坚固的王朝。他们北上要攻击的目标，当然就是大唐的国都：长安城。而南下的首个目标是两浙（当时浙江分为浙东浙西），特别是杭州城。

黄巢军要攻打杭州了！

还是先说说黄巢，这位起义军的领袖人物。黄巢是曹州冤句（今山东曹县西北）人，据说祖上靠贩卖私盐起家，家境殷实。而他黄巢最初也想通过科举考试来实现自己的人生抱负，只是几次应试，都没能上榜。黄巢在失意之外，认为不是他考得不好，而是官场中的官官相护与考场上的营私舞弊才导致他屡考不中。为此，落第学子黄巢，怀着对现实十分不满的心情，挥笔写了《不第后赋菊》：

待到秋来九月八，我花开后百花杀。
冲天香阵透长安，满城尽带黄金甲。

诗词的大意是，到了霜雪来临的秋天，再看吧，我菊花开放的日子，那就是百花凋零的时候。到时候，菊花的阵势遍布长安，看起来，那就是满城黄灿灿的黄金甲。

黄巢在这首诗里，抒发了这份无比激烈的心志。

在濮州（今山东鄄城北旧城）人王仙芝发动起义之后，黄巢认为时机到了，马上紧随起义。王仙芝、黄巢起义，得到了民众的积极响应。因为唐朝后期到处是贪官豪吏，给民众带来了沉重的徭税，民众实在是不堪重负，便纷纷加入了起义军的队伍。后来王仙芝战死，黄巢便成了起义军的领袖。黄巢的队伍壮大起来，他自称"冲天大将军"，开始了南征北战，发誓要灭了李氏王朝，平定天下，让自己成为万里河山的主宰者。

黄巢的队伍在起义初始的时候，以解救苦难民众为宗旨，从而得到了民众的响应与追随。但是在队伍壮大之后，因为军纪不严，管制不力，导致纷扰四起，还出现了扰民与伤民的现象，甚至比官府的官兵还要猖狂。史料上说，起义军每到一处，焚烧室庐，杀人如麻，连百姓家也不能幸免。发生了这么恶劣的事件，起义军到来的时候，再没有民众兴高采烈地去迎接，而是像听到妖魔鬼怪来了一样，害怕得要命。之后，起义军每到一个地方，这个地方的老百姓要是得到了消息，便赶紧逃走，逃得远远的。

起义军一路南下，一路扫荡。

杭州告急！

消息传来，攻打杭州的黄巢大军，从江南西道过来，很快要过境了。从江南西道过境奔向杭州，必须经过一个地方，就是临安。

临安，是杭州下属的一个县，与江南西道交界，过境处有千秋关、昱岭关等关隘。

这些崇山峻岭之间的关隘，能拦住黄巢军前进的脚步，成为保护杭州城的最后一面盾牌吗？

当时临安的守将叫董昌。董昌是临安本地人，开始只是土团军中的成员。土团军，也就是地方武装组织。后来在抗击浙西狼山守将王郢叛乱的战役中，立下了战功，被朝廷擢升为石镜镇将。

对于历史来说，董昌或许只是一颗流星，一闪而过，并没有留下足够让后世长久纪念的盛名与伟业。而在这场对抗黄巢军的战事中脱颖而出的，此后在历史长空中像星星一样熠熠生辉的，是他的下属，副将钱镠。

钱镠，这位未来吴越国的开国君主，也是临安人，董昌的同乡。

钱镠的小名叫婆留，这个有点奇怪的小名是有来头的。据说他出生时就有些异常，他父亲钱宽在产房外，听到房里有兵器搏击的铿铿声，透过窗户，还隐约看到了满室的红光，觉得不可思议，不由得认为新生的儿子是个妖怪，会给家族和家人带来不利。于是便把新生的儿子给抱出来，打算将他丢进井里给溺死。是阿婆（当地人对奶奶的称呼）及时赶到，拦住了儿子，留下了孙子。这位仁慈的阿婆姓童，童氏。后来被阿婆救下的孙子当上了国王，便追封已经故去的阿婆为齐国太夫人。再说幸免于难的钱家新生儿，因为阿婆出手相救得以留了下来，就得了个婆留的小名。差一点要了他小命的那口井，被称作婆留井。

直到小婆留二十一岁时，他在石镜镇投军，他觉得再用"钱婆留"这个小名不好，才保留了"留"字的音，改名为"镠"，字具美。

钱镠和黄巢一样，也是靠贩私盐起家。

说起这个贩私盐，史书上大多称为盗，是盗贼的违法行为。但是贩私盐，也是平民百姓在官府压榨之下的迫不得已，当时盐这一重要的民生物资，全由官方控制运营，民间不能私营，私营就是犯法，而官方为了税收，一再提高盐价，从而导致盐的零售价比产地价要高出十几倍甚至几十倍。平民百姓买不起盐，吃不到盐，而淡菜淡饭怎么吃呀？这样一来，贫困的人家，要想有盐吃，只能买相对低价的私盐。这样，也就有人为了财富，专门贩卖私盐。因为贩私盐的风险很大，盐贩子在获取一定的资本后，就组织地方武装，在贩盐的路上与官兵对着干。而有能力有号召力的私盐贩子，就成了队伍中的领头人。临安的钱镠，就是其中的领导者。

钱镠从小就有领导能力，史书中有这样的记载："镠幼时与群儿戏木下，镠坐大石，指麾群儿为队伍，号令颇有法，群儿皆惮之。"大意是，钱镠小时候与一群孩子在大树下做游戏，他指挥小孩子们结合起来，像队伍一样操练，所下的号令竟然有模有样的，孩子们一个个都怕他。

钱镠贩私盐，也是很不容易的。浙江古代产盐地，那是海滨的舟山等地。从舟山挑上盐回临安，那是一路西奔，还不能走大道，得攀山路，蹚水道，中间还要渡过钱塘江，经过杭州城，那是多么艰难漫长的道路。

想当年，钱镠肩挑私盐，经过杭州城的时候，不知是否想过，有朝一日，这座美丽的城池将是他王国的都城，他将是这片土地上的王者。

钱镠贩私盐发达之后，开始招兵买马，拉起了一支

婆留井

队伍。像这样的民间武装，很可能走上绿林草莽的道路，但是钱镠听从了一位高僧的指点，走上了正途，为国效力。就这样，钱镠带领人马投奔到了石镜镇将董昌的麾下。

因为钱镠智勇双全，进入董昌队伍之后，很快脱颖而出，从而被提拔为副将，成了临安守军中的重要人物。

面对黄巢大兵即将压境，当时在石镜营的军帐里，主将董昌与手下们，大概是这般对话：

董昌：贼兵来犯，临安军必须誓死抗击，护民保城，义不容辞！

手下：将军，贼兵有二十万人马，而我临安军只有区区三百人马，以三百抗击二十万，那不真是以卵击石，飞蛾扑火，自取灭亡吗？

董昌：说得没错，但是，军人的责任，就是为了保家卫国，就算明明知道是以卵击石，也必须要击！

钱镠：董将军，众位兄弟，大敌面前，先要冷静，兵书上说了，战争中要想以少胜多，只有一个办法，那就是智取！

董昌：钱贤弟，怎么个智取法？你要是能智取，化解掉马上面临的弥天大祸、灭顶之灾，我董某一定向朝廷大力举荐你，保你钱镠一路擢升，光宗耀祖。但是，军中无戏言，你必须立下军令状！

钱镠：好！

黄巢大军，如期到来了。面对猛兽般扑来的大队人马，千秋关、昱岭关就像竹篱笆，一攻便破，根本阻挡不了他们前进的脚步。起义军过了这两处关隘，接下来可就没有阻拦了，可以一路向东，直扑杭州城。

钱镠的生死期限，也就到了。

钱镠要是没立这见鬼的军令状，打不过人家，或者亡于阵前，马革裹尸，或者可以脱了盔甲，混进百姓的人流里赶紧逃命去。但是已经立下了军令状，要是逃避，丢掉的不仅仅是一名军人的信誉与尊严，还会连累家人、家族。当然最主要的是，军人如果放弃阵地，那么城池与万千民众的性命，还有什么保障？

钱镠行动起来了，点兵点将，拉上需要的人手。而他要的，竟然不是临安石镜营中的全部兵马，只是二十个人。这二十人都是他当年带领入伍的，是他钱镠亲自训练出来的钱家军。据说钱家军人人身手敏捷，个个武

计走黄巢

艺高强。只是，再身手敏捷，再武艺高强，以二十个人，去抗击二十万大军，还不是找死吗？

钱镠他，这是邪门了吧？

钱镠还真是邪门了，他带领手下，来到从临安去杭州的必经之地，一处叫八百里的地方。这地方在杭州城的西面，临安的东面。据说历史上有名的长寿老人彭祖，就居住在这里。因为彭祖活了八百岁，所以他的居住地被称为八百里。

钱镠让手下将士，埋伏在八百里附近的林间草丛中。

黄巢大军到了，好戏马上要开演了。

钱镠向手下伏兵吩咐，等大军的先头部队到达，就要赶紧放箭，往狠里放，最好把领头的给射死，从而引发敌军的恐慌。又吩咐，放箭后，不要等到对方反应过来，要赶紧跑。跑的时候，跟路边的老阿婆说，要是后面有人追过来问她，前面的人跑去哪里了，就说屯兵八百里。

一切照计划实施，实施得也挺顺利。好像连需要担当其中角色的阿婆，也在路边等候了。也就把钱镠吩咐的话，给阿婆说了。没牙的老阿婆听明白了，她说："八百里啊，晓得晓得（知道知道），我老太婆就是八百里人呢。"

才一会，后面的人追到，果真向阿婆打听。阿婆就照前面人所拜托的话，一字不差说了，也算是实话实说吧。可这问路的，肯定不是临安本地人，哪里知道他这脚下的地界，是一个名叫八百里的小村落。结果，兵士听了之后，慌忙把打听到的话报告给首领。首领一听，心想：

几个人就困住我们的兵马了，屯兵八百里啊，那可了不得。遂赶紧下令，让队伍调转方向，开步快跑，避开这屯兵八百里的可怕之地。

钱镠八百里抗敌的故事，可不是凭空编造出来的，是史书上有记载的。书中有这样的话："贼骇曰：'向数骑能困我，况军八百里乎？'乃还，残宣、歙等十五州。"意思是说，贼兵十分害怕，说：那么几匹马就能阻挡住我们了，何况还有驻扎八百里的大部队啊。

史书上记载的军事指挥官是董昌，是因为董昌是戍守临安的主将，其实出谋取胜的功臣是钱镠。因为临安军的取胜，从而使得董昌与钱镠以及临安军，在当时名声大振，受到了朝廷的重视与嘉奖。

而杭州城，因此躲过了一场浩劫。

第二节　杭越交战，杭州胜出，奠定两浙中心城市地位

唐广明元年（880），朝廷对临安人董昌与钱镠，给予了提拔重用。这是因为他们在抗击黄巢军的战役中立下了大功，所以特予表彰奖励。其中董昌被擢升为杭州刺史，钱镠为都知兵马使。

自此，临安的两名英豪，受到了朝廷的重用，入主杭州城，分别担任杭州的第一把手和第二把手。

杭州，在唐朝是浙西的首府。所谓浙西，是浙江西道的简称。可以这么说，隋唐时把浙江分成了两部分，相当于现在的两个省，分界线是钱塘江。江南面是浙东，辖有越州、衢州、温州等八个州。江北面是浙西，辖有杭州、湖州、润州等六个州。

杭州城，是杭州州治的所在地。杭州城里，有不少前人留下的名迹与建筑。比如唐朝宰相李泌开凿的六井，分别是相国井、西井、金牛井、方井、白龟井、小方井，有诗称赞说，"凿为六井引入城，唐相邺侯功尚在"。又如东晋建造的灵隐寺，香烟袅绕，环境清幽，诗人贾岛描述当时灵隐寺的景象是"人在定中闻蟋蟀，鹤从栖处挂猕猴"，也就是说僧人打坐的时候只听到清脆的虫叫声，山中住着飞鹤，活跃着一只只猴子。杭州还有一处处风景绝美的山水，如孤山、葛岭、吴山、天竺，都是一片葱翠，密树繁花。

来到府治所在的凤凰山上，只见楼亭矗立，有虚白堂、因岩亭、高斋、清辉楼、忘筌亭、南亭、西园、东楼等等。

看看当年白居易是怎么描写他凤凰山上的住处"虚白堂"的："虚白堂前衙退后，更无一事到中心。移床就月檐间卧，卧咏闲诗侧枕琴。"

这首《虚白堂》诗的大意是，虚白堂前面衙门里的事情办完之后，也就没事了。把屋里的床移出来，移到屋檐下面。躺在床上，一边是琴，一边是书，拿琴作枕头，侧躺着看看书作作诗。

这位白乐天先生，虽然是因在京城受到了官场的打压与排挤才来到杭州，但看他在杭州期间的生活，还是比较轻松惬意的。每天把公事办完，在虚白堂的屋檐下躺躺，要看书就看书，要作诗就作诗，也算是自得其乐。

此一时彼一时，彼时虽然大唐受到了"安史之乱"的重创，但总算平稳过渡，继续保持了强盛，但此时受到黄巢起义重创，可以说已经到了内忧外患、朝不保夕的程度，谁还能做到高枕无忧？

既然静谧的虚白堂可能让人产生松懈的想法，那么就赶紧走开吧，往前走，去看看与城中千万官民性命攸关的所在。

与千万官民的性命攸关，那是什么地方？

城垣呀！

这杭州城墙城楼还是在隋朝时修建的，主持修建的官员叫杨素。史书记载，开皇十一年（591），杭州州治移到钱唐县柳浦西，是年隋朝大臣杨素调集民工在柳浦西依山营建杭州城垣。这是杭州历史上最早的建城记录。

再看看这城墙的大致范围，南到凤凰山，东临盐桥河（即今中河），西到西湖，北达钱塘门（今六公园）。差不多是今日上城区的范围吧。当时的杭州，只是钱塘江以北一座不大，也不是特别出众的城市。城池大小以及发达的程度，比不上一江之隔的千年古城越州，更比不上周边的扬州、苏州等名城。

然而，这建城时间并不长久的杭州，在公元9世纪末，即将迎来地位与命运的转变。

看，改变杭州城命运的人，已经登上了城头。

杭州刺史董昌，和他的老乡加属下钱镠，一起登上了杭州城的城墙。在他们身后，是一个在经春历冬之后行将老去的王朝，是一片厉风呼号、山河飘摇的景象。在他们的面前，是一个有崛起机会的年代，其中有百舸争流，也有暗流涌动。在他们身旁，是高高的杭州城墙，墙头上插着新制的旗帜。崭新的旗帜正迎风招展，猎猎舞动。

董昌和钱镠，两位时代英杰，在杭州城墙上展开了一番对话。

　　董昌："天目山垂两乳长，龙飞凤舞到钱塘"，都说这诗句是道谶语，天目山的英杰，有一天将入主钱塘，今日看来，也算是应验了吧。

　　钱镠：董公英明。

　　董昌：具美啊，如今风云四起，朝廷无力，英豪称霸，想要成就事业，真是机不可失啊，眼前这杭州的风景虽然挺好，但繁华远远比不上南面的越州，更不要说天下之壮美了。

　　钱镠：董公，在下以为，天下虽大，男儿有志当逐鹿，然而凭浙西军当今之力，能守住这一城一池，庇佑一方民众百姓的平安，也是上上的选择。

　　董昌：具美贤弟啊，你愿意给杭州守城，那好，如果为兄有机会去南边坐镇，就把这杭州城里的头把交椅交付与你。

　　钱镠：大哥有志学鸿鹄，小弟佩服，但还是要劝大哥万事慎重。

　　董昌：我董昌自有道理。

　　杭州城里，董昌眺望着南面的越州，而越州的刘汉宏，也正在觊觎着北面的杭州呢。

　　刘汉宏，山东兖州人，历史上说这个人有些无赖，他先是军中小吏，奉命讨伐王仙芝、黄巢起义军，后来半路反叛，投奔义军去了。再后来见义军落了下风，又向朝廷投降回来了，之后还被任命为浙东观察使，坐镇越州。

而越州（今绍兴），被称作当时的东南第一大都会，不仅风景优美，而且商贾遍地，市列绫罗，美酒飘香，是真正的繁华都城。就像诗文里赞美的，"天下风光数会稽"，天下风光最好的地方，是会稽，也还是越州。

兖州小吏刘汉宏靠叛主求荣，几番折腾，终于坐镇越州。遍地金银，美女如云，做这么一方诸侯，够实惠了吧，应该关起门来偷笑了，却还是不知足，把杭州当成嘴边的一块肉，要起兵攻打，收成盘中餐。

唐中和二年（882），刘汉宏趁董昌新官上任，脚没站稳，派其弟汉宥，领兵扑过来了。

当时钱镠已经着手建立了一支队伍，叫八都兵，是从临安、余杭、於潜、盐官、富春、新城（今新登）、唐山（今临安昌化）、龙泉（今杭州西湖区）八个县征集的兵力，约一万人马。而刘汉宥所率军马，有两万之众。

杭州城，又一次风雨欲来。

面对又一次兵力悬殊的较量，再要来一次像八百里退敌一样的智取，是不太可能了。因为名声已经在外，再靠玩噱头来退敌，要是被人识破，可就玩完了。这时候有人主张投降，归了刘汉宏，这样一来，或许可以把董昌、钱镠的项上人头，以及杭州城，给保全了。但是，钱镠却不这么认为，他认为刘汉宏可不是良人善茬，杀人屠城的事他最拿手。当年他投降起义军后，就在江陵（今湖北省荆州市荆州区）焚城，致使满城民众死伤殆尽。如今面对杭州城，他会发慈悲手软？所以，钱镠发誓，不仅要与刘汉宏打，狠狠地打，还一定要把他打败，并且要砍下这个恶棍的脑袋。

面对气势汹汹扑来，比自己强大的军力，杭州前线指挥官钱镠的脸上跟往常一样看不出波浪，眉间眼底的神情，也是十分坦然。看来，这位足智多谋又英勇果敢的临安人，已经想好对付敌军的办法了。

当时钱镠得到的情报是，刘汉宏的队伍一路烧杀掳掠，已经到达钱塘江边，休整之后即将渡江攻打杭州。钱镠认为，要保住杭州的平安，一定不能让这帮强盗过江。所以，钱镠的作战主张是：主动出击，过江杀敌！

钱镠的想法实在太大胆了，杭州本就兵弱，还要主动出击，若要击倒敌人，那是必须涉水过江的。在敌人眼皮底下渡过滔滔大江，那还不是送羊入虎口，自己去找死？

这个策略让董昌也怀疑，面对钱镠的请求，他有些迟疑不决。但是董昌还是十分相信钱镠的，毕竟并肩作战多年，对钱镠的机智与才干已经非常了解，也十分佩服。于是，董昌便说：就照你钱镠说的办，如果你能胜出，我董昌就践行之前的承诺，把杭州让给你，要是失败了，必须以军规军法来处置，到时候可别怪我无情。钱镠听后，当然是一口答应。

董昌也便下令，由钱镠带领杭州兵马，去抗击越州来犯的兵马。

钱镠是极其聪明的一个人，当然不会贸然行动去送死，他还是要以智来战，不过这次的战术不是玩空城计

祷天讨贼

的噱头，而是要给敌人一场出其不意的袭击。

钱镠率兵来到江边，当时已经到了晚上，他断定，刘汉宏的队伍经过白天的奔波与掳掠，现在已经到人马困乏的时候了，故会很快安营扎寨，随后兵将们将呼噜入梦。那么，也就可以出兵突袭，打他们一个措手不及了。不过呢，搞突袭除了要趁着敌军困乏、放松警惕的时机，同时还需要一个条件，那就是月黑风高。想那古今小说、演义里，都是这样描写的，月黑风高夜，强人出没时。但是钱镠打算过江杀敌的这个晚上呢，偏偏皎月在空，只见这大江上下，是一片明晃晃。

这是老天爷不肯相助吗？

就在杭州军兵仰天叹气的时候，钱镠看看天，却没有叹气，认为晚上会刮风起云，要兵将做好随时战斗的准备。

钱镠把作战任务部署了之后，他自己独自来到江边，掬起一捧江沙，仰面向苍天祈祷，祈求上苍相助，帮助杭州兵灭贼取胜，救满城民众于刀戈，保住江北江南这整片大好的河山。

《吴越备史》中记载了这件事，说钱镠把江沙吞进肚子里再祈祷上苍，希望苍天相助，用云雾遮去月光，让战事顺利进行。

祈祷之后，没想到老天还真的出手相助了，及时送来了云雾。

很快，江面上刮起了东北风，满天乌云压下来，天地间一片乌黑沉沉。

钱镠见时候已到，大手一挥，率师过江。这样一来，似神兵天降，杀了刘汉宏队伍一个始料不及，人仰马翻。

钱镠渡江突袭一战，让刘汉宏攻打杭州的人马，几乎全军覆没。这样一来，不仅打击了刘汉宏想要吃掉杭州的决心，消灭了越州兵的嚣张气焰，同时大大激励了杭州军民抗敌保家园的斗志。

杭越之战历时五年，开始杭州是守势，直到中和三年（883）的西陵之战，成为浙东西之战胜负的分水岭。当时刘汉宏亲率从越州、明州（今宁波）、台州、处州（今丽水）、温州等数个州的兵力，共十万水陆大军孤注一掷，想要一举拿下杭州。而钱镠亲自率兵过江，坚决还击。战场上的杭州军越战越勇，一战下来，斩杀刘汉宏的大将十余名，缴获战船五百艘，战马五千匹，兵甲数以万计。而刘汉宏，面对英勇的杭州兵将，知道大势已去，为了保命，慌忙脱去将服，装扮成杀猪佬的模样，才逃出捡回一条命。

唐光启二年（886）十月，杭越两军在钱塘江岸展开了最后的生死对决，结果是刘汉宏被俘，越州军全面缴械投降，越州城被攻取。

据史料记载，刘汉宏在被押上断头台时，他倒拿出了绿林好汉的看家本领，没有怕死求饶，只对行刑手说："你们不配杀我，我败在钱镠手里，只有他钱镠亲自动手杀我，我才死得甘心！"

钱镠听到行刑手报告后，哈哈大笑，提着大刀，一身威风地大步走上台去，手起刀落，亲手砍掉了刘汉宏的脑袋，让敌手死了个痛快。

自此，两浙混战结束，杭州崛起。

第三节　杭越再次开战，还是杭州胜出，从此跃为王城

杭越战争结束之后，杭州刺史董昌急不可待地离开了杭州，去了越州。在董昌看来，古城越州才是他梦寐以求的繁城盛地，相对落后的杭州，哪里值得留恋？走之前，他倒是遵守之前的承诺，把杭州让给了钱镠来把守。

光启三年（887），这应该是杭州城一个值得纪念的年份，这一年钱镠正式被朝廷任命为上武卫大将军、杭州刺史，成为护守杭州城的一把手。

钱镠出任杭州刺史期间，可谓不辱使命：对内实行保境安民，励精图治，要把相对落后的杭州城，打造成一座充满生机和活力的新城；对外，积极应战，不折不挠。就在"润州兵变"中，钱镠的上司镇海军节度使周宝四面受敌，落荒逃难。关键时刻是钱镠带兵平润州，攻常州，收复苏、湖、睦数州，从而保全了这东南地区的数座城池。

景福二年（893），钱镠升任苏杭等处观察处置使，不久，再被授为镇海军节度使。乾宁元年（894）获赐同中书门下平章事的宰相荣衔。

眼看到了乾宁二年（895），又一场生死大战到来了。这一次，还是杭州与越州之间的较量。

只是，战场还是那个战场，兵将也还是那些兵将，然而对垒的主将却不是别人，竟然是钱镠与董昌。

他们两位，先后出道，却又同室操戈多年。要是说出身根脉，都是临安人，都是源于苕溪，源于天目山啊，

有着同乡之情，也有同僚之谊。却哪里想到，曾经惺惺相惜、互相帮衬的两位同乡兄弟，要在战场上刀戈相见。

钱镠又穿上战袍，拿起他的大槊。将军横槊立马，奔向战场，照理说脸上表现的是勃发与兴奋，但是钱镠的脸上一定是现出了哀伤。这份哀伤，不是对战争的惧怕，是为同乡而哀痛与伤怀吧。

董昌不仅是钱镠的同乡，还对钱镠有着知遇之恩，可以说正是他的栽培与提拔，才使得钱镠有了如今不一般的功绩。

但是董昌在越州的所作所为，真是一言难尽。他在去了越州之后，说不定是被越州的老酒与美色冲昏了头，竟然自行称帝，关门做起了皇帝。

据说就在董昌雄心勃勃，想要当皇帝，却怕中原朝

钱镠像

廷与周边节度使打压，犹疑不决的时候，有个叫罗平的人，给他献上了一只鸟。这不是一只普通鸟，这鸟会说话，一开口，喳喳开唱，满嘴是"皇帝董，皇帝董"。董昌听了大喜啊，认为这是一只吉祥天鸟，给他带来了天意。罗平再赶紧跟着向董昌说：当今的民间，都在传唱着一首民谣，"欲识圣人姓，千里草青青；欲知圣人名，日从日上升"，这"千里草"是董字，"日上日"便是昌字，这圣人一定就是您董昌董公啦。

董昌竟然认为鸟语是天意，民谣是民心，天意所指，民心所向，就是要他做皇帝。所以就借机发话，既然是天意与民心，怎么能违抗，当然是顺意而为了。

结果董昌果真张罗起来，封自己为皇帝，定国号为"大越罗平国"，改纪元为顺天。

照理说董昌称帝，大越罗平建国，这样天大的事，作为曾经的下属钱镠，总该提早知情吧？可钱镠事先还真不知道。肯定是特意隐瞒了钱镠，因为董昌明白，钱镠肯定会说他董昌称帝是逆天而行，会极力来阻止反对，所以就干脆不通知了。

董昌称帝之后，马上诏告天下，同时也以书面形式告知了同乡钱镠。钱镠知道后，肯定是惊出了一身冷汗。

要知道，自行称帝，那就是与朝廷和天下为敌。朝廷一声诏告，四面诸侯都会出兵攻打，这事可不是闹着玩的。

董昌还给钱镠封了大官，以为钱镠会很高兴，感谢他的敕封。但是给的官再大，钱镠也不会像董昌一样昏头，他很清醒，明白自行称帝犯下的是什么，需要面对的又是什么，所以不为所动，还给董昌去了一封语重心长的信，告诉董昌：自行称帝是犯下了要被诛灭九族的大罪，马上就要遭到天下兵马的讨伐。我钱镠身为朝廷将臣，知道了这个消息，也应当立马出兵讨伐，但念在我与你董昌都是临安人，又曾经并肩作战的情分上，希望你能幡然醒悟，主动向朝廷请罪，就说是受了妖人的蛊惑，一时糊涂，犯下了错误。

送出了书信之后，钱镠还是不放心，亲自带人来到越州城下，想见董昌，再劝他迷途知返。但是董昌知道钱镠的意图，连城门也不叫人打开。钱镠只好对着城门下拜，痛心地规劝董昌说：董大哥呀，你这样关着大门做皇帝，将让自己的九族与越州的百姓全部遭殃，真是罪过呀，哪里有开门做节度使好。想想吧，你光明正大做官，家族沾你的光，百姓说你的好，就连你的子孙，都可以终生富贵无忧啊。

刚刚当上皇帝的董昌，正是快活得意的时候，哪里肯听钱镠的逆耳良言？

御赐钱镠的丹书铁券

很快，朝廷免掉了董昌所有的官职，并向各州各个地方下达诏书，要求都去讨伐董昌。

钱镠见董昌不听劝，身入迷途不肯返回了，没有办法，只好奉行朝廷的诏令，正式发兵，去讨伐越州。

攻下越州，钱镠还是有把握的，越州的兵将，大都是从杭州带过去的八都兵，而八都兵是钱镠一手组建起来的，相比董昌，他们应该更心向钱镠。可就在杭州兵马即将开拔出讨越州的关头上，又冒出了一桩突发事件。

这桩突发的大事是，周边的诸侯知道越州的情况后，闻风而动，都想赶紧趁机咬一口，得点好处，庐州刺史杨行密更是先人一步，发兵去攻打苏州。

杨行密的意图，显而易见，是想火中取栗，于战乱中先攻下苏州，然后趁机吞并浙西。面对这样的突发情况，钱镠也犹豫了，他想将兵马调头，先解救苏州。毕竟，钱镠对董昌还是隐约念旧的，人家不仁，自己很难做到断然不义。戕戮同乡兄弟，不妨缓上一缓，枪口对外，先与杨行密好好较量较量。

这时候，大将顾全武冷静地说，越州距离杭州近，苏州距离杭州远，所以对杭州来说，越州比苏州更重要，如果因苏州而放过越州，那是舍大求小，所以必须先攻下越州再回援苏州。

钱镠听顾全武说得有理，采纳了他的意见，让他带兵马上攻打越州。结果顾全武不负使命，一个月就拿下了越州。

越州城破，鼓息旗偃，董昌的皇帝梦也终于醒了。

到了这时候，他才说要撤去帝号，重新做他的威胜军节度使。到底犯下了天大的错误，回头可就没那么容易了。董昌作为犯人，被押上了由越州返回杭州的囚路。

董昌原本也是位了不起的大英豪，为保家卫国立下了显赫的战功，但是因为起了贪心，却又实力不足，结果走上了不归路。

就在回杭州渡过钱塘江的时候，董昌的心中，或许是生出了和当年西楚霸王项羽一样的感叹，无颜见父老，不肯过江东。据说，董昌竟然从船中一跃而起，投入了大江中。

江水滔滔，长恨弥天，一代枭雄就这样逐波而殁了。

第二次杭越之战结束，两浙实现统一。而战功赫赫的钱镠，受到了朝廷一再嘉奖封赏。

从此，钱镠成为掌控一方的权力人物。

再说中原朝廷，朱温灭亡唐朝之后，成了后梁的开国皇帝，也就是梁太祖。梁太祖于开平元年（907），敕封钱镠为吴越王。从此吴越国正式成立，定都杭州。

要问钱镠为什么选择定都杭州，而不是实力更强的苏州和越州，这应该与他个人的感情相关吧。原本，他就是杭州人，有着深深的家乡情结，而且想想，不管是当年贩盐时奔逐，一趟趟穿越杭州城，汗流浃背，还是后来的大小战役，血花飞溅，都把一个人与一座城，紧紧地联系在一起了。

血脉相连，死生相关，不分不离。

从葛岭远眺杭州城

再看定都杭州城的钱氏吴越国，在最强盛时期，拥有十三州疆土，大致为现今浙江省全境、江苏省东南部、上海市和福建省东北部。从钱镠的建国，到钱元瓘的保土安民，钱弘佐的勤国理政，钱弘倧的短暂执政，直到钱弘俶的纳土归宋，共三代五王。

以唐景福二年（893）钱镠为镇海军节度使算起，到太平兴国三年（978）钱弘俶"纳土归宋"，钱氏政权前后存在一共八十六年。

吴越国都杭州，由弱及强，由起到升，由衰到盛，一步步成为浙江的政治、经济和文化的中心城市，直到成为东南名郡，中华盛地。

第二章

吴越国初期，杭州并不是物阜

民丰的天堂之城

第一节　凤凰山上建王宫

吴越国在东海之滨成立了，而这个时候的中国，已经进入了五代十国的分裂时期，包括吴越国在内的十个大小国家，名义上归属中原朝廷，其实在政权上是充分独立的。也就是说，各诸侯国都享有领土和主权，能够独立行政，不同于受制于人的附属国。

从此，钱字大旗在杭州城头招展，钱镠已经戴上了金冠，换上了紫红色盘着蟒龙的襕袍，腰扣九环带，脚蹬六合靴。除了京城中那位身着黄袍衮冕的帝王，天地之间，也就王者为尊了。

而王宫，王者的宫室，众人猜想钱镠会像董昌一样，过江去越州。毕竟，越州是个好地方啊，唐代诗人元稹说，"天下风光数会稽"，还说"会稽天下本无俦，任取苏杭作辈流"。

说说这位前越州刺史元稹和同时期的杭州刺史白居易，两位大诗人都善诗好酒，也结成了生死至交。原本两人一同在朝廷中任职，元稹还官至宰相，但是受到朝臣的排挤打击，后来都被外放了。元稹出任越州刺史，白居易出任杭州刺史。两位千古诗文高手，来到江南，一下子迷上了大好的江南风光，一位成了越州的代言人，一位成了杭州的代言人。据说两位还真争论过杭州与越州哪里更好。元稹当然说越州好，对越州的评价，实在是非常高，说除了越州会稽，天下再也没有这么好的地方了，苏州、杭州跟越州比起来，简直差了辈分。也是，越州曾经是越国的国都，传奇帝王勾践在那里卧薪尝胆，而后"三千越甲可吞吴"，灭吴国成霸业。千古美人西施在那里浣纱，"秀色掩今古，荷花羞玉颜。浣纱弄碧水，自与清波闲"，看看，一个人美得让荷花都不好意思绽开，真不知道有多美。这么美丽的地方，怎么不让人向往呢？

而且在越州城里，刘汉宏、董昌经营整饬的宫室殿堂都还在，只要钱镠到来，马上可以舒适入住。

但是，钱镠没走，他没有离开杭州。

钱镠非常清楚，杭州不仅是他的家乡，是他的根脉所在，也是他的发迹地方，是他的钟情之地。而且在地理位置上，靠近海滨，方便海运，还有运河和钱塘江，内陆通航的条件非常好。并且杭州在军事地理位置方面的优势也很突出，一城雄踞，可以扼守东南。

想当年，董昌认为杭州城规模小，又受海潮的侵袭，不是个好地方，结果就放弃了杭州。他这一走，走上的是灭亡的道路。钱镠不愿也不会，步他董昌的后尘。钱镠下定决心，要建设杭州，要把东南地区相对落后的杭州城，建设成梦想中的繁华之都，天堂之城。

扎根的心思一定，接下去便是建设王宫。

凤凰山图

宫邸，就选址凤凰山。

凤凰山在哪里？凤凰山，就在杭州城的东南面，北近西湖，南接钱塘江滨。整座山的形状就像一只展翅飞翔的凤凰，所以就被命名为凤凰山。

看看明田汝成《西湖游览志》描述的凤凰山："凤凰山，两翅轩翥。左薄湖浒，右掠江滨，形若飞凤。一郡王气，皆借此山。"

这里说的是，凤凰山这只凤凰，翅膀张开，左边连接西湖，右边抵达江滨，翩翩欲飞，整个杭城的王气，都是这座山衍生的。虽然这《西湖游览志》，是五代十国之后的人编写的，但所描写的凤凰山，肯定是古今一个样子。

凤凰山在西湖东南隅，山脉与杭州城区相接，而凤凰山脊的具体位置，在万松岭与慈云岭之间，海拔178米。

这样的山峰，从海拔上看起来似乎不高，但是在地势平缓的海滨城市，算是巍然屹立，气势不凡了。所以在崇尚风水地理命脉的古时候，无疑是处宝地。何况山中有峻峰美岩，有参天古木，有涓流细泉。山脚地势平缓开阔，适合建造庭室。也因此，隋唐两朝的州治，就在凤凰山。所谓州治，就是一州最高行政长官的官署。

钱镠把王宫的选址，就定在了凤凰山。

凤凰山上有隋唐两朝建设的府衙，其中不乏有名的建筑，如出现在白居易诗歌中的虚白堂，"虚白堂前衙退后，更无一事到中心"。虚白堂，是杭州州衙的一幢房子。

当然，这些前朝州衙的房舍堂屋，用来做吴越国的王室王宫，不免狭陋寒酸了吧？那么需要吴越国的君臣，花费心思心血，去打理建设了。

第二节　钱塘江中，恶龙转腾

这钱塘江，是杭州城的母亲河，古称浙，全名"浙江"，又名"折江""之江""罗刹江"等。主源出自安徽黄山休宁县大尖山北麓的板仓，往东北流贯浙江省北部，至澉浦经杭州湾注入东海。这江水当时在安徽境里河段称新安江，流到富阳境内称富春江，流到古钱塘县（今杭州），也就被命名为钱塘江。

话说钱塘江，那是烟波浩荡，举目苍茫，像开阔的战场，也像梦里迷失的远方。待到太阳升起，千万条金光银线从天上射下来，被江水托住了，整条江面看上去一片金光灿烂，熠熠生辉，明亮耀眼。

这钱塘江，可以说是钱镠的恩江。想当年，他在抗击刘汉宏时，就在江边掬沙许愿，结果得到了苍天的相助，以浓云遮去朗朗明月，让他钱镠顺利完成了过江突袭之战。如果没有那过江一战来决出胜负，扭转乾坤，那么现如今脚下这片土地上，真不知道站着的是何人。而他钱镠是生是死，是颠沛流离，还是亡命天涯，又有谁知道呢。

想象一下钱镠身为吴越国王，再次来到钱塘江边的情景。他是不是神情庄重地，脚步沉稳地，一步步走到江岸，拨开江边的芦秆苇蔓，越过荒草连天的江堤，来到江边，迎风眺望大江，目光深沉，眉眼间思绪万千？然后，蹲下身子，伸手从江中掬起了一捧江水。这江水并不像山泉那样洁净清澈，可钱镠还是捧到嘴边，尝了一口。

这一尝，让钱王皱起了眉头，于是问身边人：这江水又苦又咸，怎么回事？

身边人也不知道啊，为了答上钱大王的疑问，连忙找了几位江边的渔民农夫，让他们上前解释。

江边人说：钱塘江水苦咸，还不是怪您钱大王呀。

钱镠：怪本王，这话怎么讲？

江边人：这话可就有点长了，请钱大王听老夫慢慢讲来。可记得您当年挑盐贩盐？您长得人高马大，一身力气，挑着两只大箩筐，一只箩筐装进的盐，足足有小山包那么多，挑盐的扁担，也不是平常人使用的木头扁担，是一根铁扁担。钱大王您呀，用铁扁担挑着两筐盐，由东往西走，顶着太阳，踩着大地，追缉的官兵撵不上您，连过江风也赶不上您，您一口气就走到了。在江边，您大概觉得有点累了吧，也或许想停下脚步看一看这江边的风景，就放下了箩筐，支起了铁扁担，把一顶破草帽蒙在脸上，倒头往江岸边一躺，呼呼睡去了。这一觉，您睡得香甜呀，连大潮到了都不知道。等您睡醒，起身一看，奇了怪了，箩筐里的盐呢？怎么不见了？您以为盐被人偷走了，就逮住江边的人追问，江边的人告诉您，是潮水，漫上了您的盐筐，把筐里的盐啊，都溶化啦，溶化进水里，也就被潮水带走啦。从此呀，江水也就又苦又咸。再说您当时发怒了，拔起铁扁担满江打龙王，怪龙王推潮的时候不声不响，偷走了您的盐。龙王怵了您钱大王的铁扁担啊，就向您赔罪，说只要把海水晒干，盐就能还回来，还答应再推潮水的时候，哗哗啦啦地先吼上一嗓，给您也给江边所有的人，提个醒。自从那天之后，您听，这潮水只要进入杭州湾，就会哗哗大声地吼叫。只是啊，这龙王知道您钱大王后来南征北战忙得很，再顾不上收拾他，所以他很快又回到老样子，嚣张得很，破堤冲岸，毁坏田地，还往杭州城里送苦水，没少干坏事啊。

钱镠听了当然明白，这是老百姓们编排出的故事，编的还是他当年贩私盐的旧事。要是换成别的人，听到有人说他先前不光彩的事，那还不是等于被戳了伤疤，逆了龙鳞，肯定会恼羞成怒，说不定一声喝令，把人给拿下。

依照钱镠的为人处世风范，情景会这样继续：

钱镠并没有恼怒，以他的大度与豁达哈哈笑开，说：可不是，本王当年多少回在这两岸行走啊，要是从江这边到江那边拉根绳索，把本王当年踩破的草鞋挂上去，估计能够挂满绳索呀。

钱塘江潮

又说：既然本王当年能用杆铁扁担打得龙王来认错，那如今本王一样能揪住这钱江恶龙的大鼻子，捆住它张扬的四爪，再好好地教训它，让它从此乖乖听话。

钱大王说得豪气，只是听的人一定将信将疑：从秦汉到隋唐，多少年了，这条钱江龙一直呼啸奔腾，推潮揉浪，没少干坏事。力图制服它的人，也没少花力气，一代代人捍海塘，修堤坝。但是修了堤坝怎么样呢，还不是像当地民谣里唱的那样，只要大潮冲一冲，散沙垒城一场空。

也就是说，在钱塘江边修什么筑什么，就像沙子垒的城堡一样，潮水来了，一冲，一推，一下子什么都没了。

钱塘江给杭州城以及所流经的两岸，带来了怎么样的灾难，造成了什么样的伤害？据史料记载：唐咸亨四年（673）七月，婺州大雨，山水暴涨，溺亡五千余人。大历十年（775）七月己未（二十八日）夜，杭州大风，海水翻潮，漂荡州郭五千余家，船千余只，全家陷溺者百余户，死者四百余人；苏、湖、越等州亦然。咸通元年（860），潮水冲击钱塘县南五里江岸，奔涌入城……

看看，一次就淹死五千人，全家都淹死的就有一百多户，冲垮五里长的江岸，洪水直接冲入杭州城。

当然，不能因为有过凶涛恶浪就认为钱塘江是条恶江。它首先是杭州城的母亲河，更多时候是温和的，以丰润的水体，滋养着两岸良田与万民。

可以说有史以来，历朝历代的人们对钱塘江没少展开治理。远古之年，有名的大禹千里奔波，为天下治水。为了把天下的江河疏通，他就曾经到达过钱塘江，一直到达剡地（今浙江嵊州西南）。就在剡地，劳累而死，死后就葬在会稽山。据说，大禹是坐船来到浙江的，大禹坐船航行那就是"禹航"，后来演化为"余杭"，再到"杭州"，这就是杭州地名的由来。所以说"杭州"这个名称的来历，就是跟治水有关的。

对钱塘江水的蓄引灌溉，历朝历代也都有记载，如：东汉将军卢文台率部筑堰引水垦田；梁朝新安内史吕文达率民在新安江建堰坝，引水灌田三万余亩；唐贞观年间富阳令郝砄在开阳玻湖蓄水，灌田万顷；等等。

可以说，后来经过几朝几代人的努力，钱塘江水已经较好被人利用，为民降福，如果进一步夯实堤防，收管钱江龙的野性，那么它将给杭州城给万千民众带来洪福。

想象当年钱镠在钱塘江边，面对当地诉苦的百姓，会说什么。他一定是慎重地跟百姓保证，等城中有所稳定，就带领百官和民众，修筑钱塘江的海塘，让江两岸的老百姓再也不受凶潮恶浪的侵害，从而都能够踏踏实实地，平平安安地，过上好日子。

钱塘江边的好日子，会来吗？

第三节　西湖，满湖是苦水

说到西湖，可以说是杭州的形象代言。一个字形容：美；四个字形容：美比西子；六字形容：美得不可方物。杭州前刺史白居易，就颂不完西湖的美，"湖上春来似画图，乱峰围绕水平铺""几处早莺争暖树，谁家新燕啄春泥""最爱湖东行不足，绿杨阴里白沙堤"。为官一任，终将离别，还无限缠绵地说，"未能抛得杭州去，一半勾留是此湖""欲将此意凭回棹，报与西湖风月知"。

天下西湖三十六，就中最好是杭州。

杭州西湖，是怎么形成的呢？说是两千多年前的秦汉时期，西湖还是钱塘江的一部分，由于泥沙淤积，在西湖南北两山——吴山和宝石山山麓逐渐形成沙嘴，此后两沙嘴逐渐靠拢，最终毗连在一起成为沙洲，在沙洲西侧形成了一个内湖，即为西湖。

西湖最早的名字叫武林水。《汉书·地理志》中记载："钱唐，西部都尉治。武林山，武林水所出，东入海，行八百三十里。"也就是说，钱唐县在杭州西部，西面的群山就是武林山，武林水就出在这里，从东面进入大海，水源总长八百三十里。后来又称作钱唐湖、明圣湖、金牛湖等等。

吴越国初期的西湖，是个什么模样？与唐代白居易见到的，以及今天人们所看见的，是不是一个样子？是不是青山环绕之中，平静的湖面在轻烟淡雾中舒展延伸，看过去湖面一片波光潋滟，明净清澈？

只是据史料记载，因为唐末的战乱，西湖因为疏于管理，钱镠主政杭州初期，西湖所呈现的，并不是整洁有序，而是一片荒败。

荒败的西湖，又是什么样子？那不难想象，秋风吹着落叶，湖岸边黄茅起伏，湖面上除了寥寥的船只，并没有荷花莲蓬之类。而湖岸更加寥落，所见之处，不多的房舍，零星的游人和商贩，远近一派疏篱黄茅，残阶绿苔。

荒败的西湖，应该与一般的芜湖荒塘还不一样。那些荒败的湖塘旁边至少还有田地牛羊，田地需要湖塘水浇灌，牛羊可以在湖塘边饮水。西湖的旁边，没有肥沃的田地，也没有成群的牛羊。为什么？因为当时的西湖还是个咸水湖，湖水苦咸，浇不了地，也不能被牛羊等牲畜饮用。西湖水是苦咸的，这又是为什么？因为西湖连着钱塘江，钱塘江连着海，从海上返回的江潮，把海水带进内陆了，使得江潮所到的地方，水体都受到了海水的入侵，海水咸的，内陆水也成了咸的，西湖也就成了咸水湖。

当时主政杭州的钱镠，是不是这样慎重承诺：本王一定让西湖水变甜！

这话说说容易，做起来难，想要让湖水清澈，去掉其中的苦咸，可不是容易的事。要知道杭州多少年来的发展一直是缓慢的，连一江之隔的越州也比不上，更别说兴盛的苏州、扬州等地。造成杭州落后的一个重要原因，就是水患，城中湖水苦咸，连地下水也是苦的。缺乏生活必需的水源，很大程度上制约了杭州城的发展。所以，杭州城只能缩在南到凤凰山、东临盐桥河、西到西湖、北达钱塘门这么一个狭窄范围之内。因此也就明白，为什么历来杭州的州治以及钱镠的王邸，都选址建设在凤凰山，因为凤凰山地区地势高，可以免受苦咸潮水的侵犯，而且山上还有甘甜的山泉水，可以供人饮用。

唐代杭州刺史李泌，为了解决城中百姓的饮水问题，引西湖水作六井。史书上说"始引西湖水作六井，民足于水，故井邑日富"，意思是说，开始引用西湖水来蓄成城中的六口水井，民众有了足够的淡水，所以这个区域也就日益富裕起来。因为这桩恩绩，杭州老百姓一直感念李泌的功德，把这些井称作相国井。只是李泌引西湖水的时候，西湖水主要靠地上注入，湖水是淡水，后来受海潮入侵，湖水也成了咸水，相国井也就荒废了。

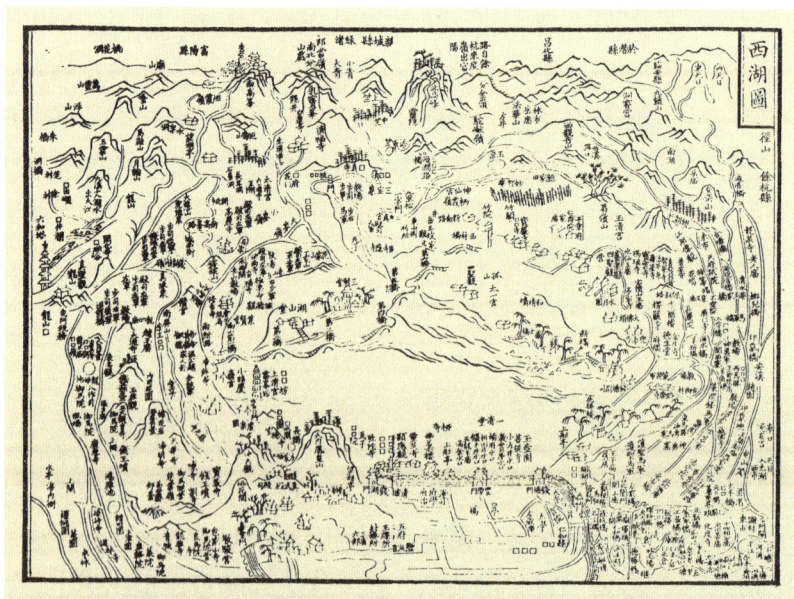

《咸淳临安志·西湖图》

后来白居易任杭州刺史，也是修了许多水利工程，其中建造石涵闸，为的是把西湖与江海隔开来，使西湖成为淡水湖，让湖水可以用于灌溉，可以供人和牲畜饮用。只是虽然想了许多办法，西湖水质问题并没有彻底改变，也就使得杭州城里的饮水问题，不能得到彻底解决。

可以说，西湖到了钱镠这里，比没有治理的隋唐之前，状况已经大大改观了。但是要让西湖更加清澈美丽，让西湖水成为杭州城百姓的水源，那就需要钱王投入大资金和大力气了。

钱王他，能行吗？

第四节　大运河畔，一片破旧的茅屋

说起京杭大运河，那是相当伟大的工程，就像长城一样，都凝聚着古代千千万万劳动人民的力量与智慧，后人面对时，不由要发出惊讶与赞叹的声音。

京杭大运河南起余杭（今杭州），北到涿郡（今北京），贯通海河、黄河、淮河、长江、钱塘江五大水系，长 1797 公里。地球上原来没有这条河，是靠几朝几代的万千民众，一锹泥一车土给挖出来的人工河。

大运河在春秋战国时期就已经开凿了，主要目的是运送军队征讨叛军。到了秦朝，秦始皇在嘉兴境内开凿了一条重要河道，奠定了大运河的南北走向。但都断断续续的，没有贯通。让大运河南北贯通的人，是隋炀帝。隋炀帝杨广，是隋朝第二位皇帝。读过隋唐历史的人都知道，这位隋炀帝的历史名声不太好，是位荒淫的皇帝。为了登上皇位不择手段，杀兄戮弟；在国家治理上好大喜功，三征高句丽却皆以失败告终；平日的生活骄奢无度，多次下江南，动用大量的民力修运河乘舟巡幸，造成饿殍遍地，民不聊生。

但是杨广，也干了桩了不起的大事，那便是贯通这大运河。

大运河的贯通，开创了中国古代顺畅的南北航路，是不得了的大事。所以说大运河不管是为了服务于隋炀帝的游乐，还是为了把南方的物产运抵北方，成为王朝的动力供应系统，反正都是给南北交通带来了便利。

大运河是南北商贸的大通道，大宗南北货物都从这里走。"转运通利，关内赖之"，这是《隋书》中的记载。这就明确了这运河的重要性，交通运输，全依靠这条运河了。"尽道隋亡为此河，至今千里赖通波"，这是唐朝皮日休写下的诗句，意思是说虽然隋朝因为开凿大运河，耗费了太多的人力物力，导致了国家的灭亡，但是千里之间的南北交通，还是依赖这条河啊。

随着运河运输的繁盛，运河两岸也便涌现出许多繁华的商业重镇，如济宁、扬州、镇江、杭州等等。

杭州，在大运河的最南端。

那么杭州这运河最南端的码头，一定是非常热闹。在人们的印象里，码头一定是非常热闹的地方，像电影镜头里，总有这样的场面：大船靠上码头，系缆的系缆，走货的走货，一群船员把手一挥，一声"走啊"，然后大步走下舷梯，奔向酒馆、烟馆甚至妓院。一时间，这些酒馆、烟馆、妓院，一派灯红酒绿，一派热闹喧天。

可不是，水陆码头边的城镇，一定是繁华地，有了车船运输，海陆珍宝、纱罗珠玉都经过这里，百工技匠、富商大贾也都汇聚这里。每日里，摇橹声，举棹声，叫卖声，讨价还价声，不绝于耳。

就像古人描述的："闾阎扑地，市肆夹路，楼台相望，舳舻接缆……"

这句话的意思是，路上挤挤挨挨的全是人，路两边都是商铺，楼台旁边又是楼台，一艘船接着一艘船。

杭州的码头上，又是不是这样的景象？

只是，这样的景象先前有过，那是在平安盛世。而在吴越建国之初，摆在钱镠面前的运河风情，应当是"多为草屋，矮小者殆居其半"，更有甚者，"人贱不如狗"。

为什么是这样的景象？因为唐末天下混乱，烽火四起，动荡的局势下，哪里还有"稻米流脂粟米白"的好日子。就算地处东南的杭州，曾经有效地避开了几次战祸，但周边战火的波及，以及之前历经多年的两浙混战，也使城池元气大伤。

看看大运河两岸的扬州等地，原先是最富庶的鱼粮之乡，经过秦彦、毕师铎、孙儒、杨行密等人的兵火之后，已是十城九空，并且是"东南千里扫地尽矣"，东南千里的范围，都像被扫帚扫过了一样，扫去了富庶，留下了苦难。

所以在吴越国初期的杭州城，与被孙儒部队扫荡过的扬州等地比较起来，可能情况要好一点，但是纷乱之中，老百姓的日子也是好不到哪里去的。可以想象，就在大运河两岸，江面上几艘破烂的大小船只，在波面上晃荡漂游，面黄肌瘦的船民，带着一家老小缩在船舱里，一个个衣衫褴褛，在寒风凄雨中苦苦挣扎。

为人君王，几同于做人的父母。父母的责任，也是父母之心情，是必须为国民撑起一片天，让一国之中的民众衣食无忧，甚至国富家强。

当时的钱镠，一定就是这么想的。

只是，想想容易，做起来可不简单啊。

第三章

吴越开国君王钱镠，开始打造美丽杭州

第一节　三次筑城，杭州城由小扩大

一个人生活在太平盛世，一定会欲望多多，住房最好是雕梁画栋，衣服最好是绫罗绸缎，吃喝最好是金莼玉粒，出行有车马，购物有满街的商贾。要是生在乱世呢，那么有堵遮风挡雨的墙，有身遮体取暖的衣物，有口能填饱肚子的饭菜，也就知足了吧。

唐末五代十国，那是乱世中的乱世。乱到什么程度？一百天就可能国起国灭，比如像董昌建立的大越罗平国。三天两头，城池易主，前面的人攻下城池，交椅还没坐稳，后面的又杀到了。也就是，这边烽火才灭，那边硝烟又起。军兵作乱，强人趁火打劫，一定是此起彼伏。而遭殃受罪的，都是老百姓。

杭州呢，有了吴越国这面大旗，国王钱镠又明智采用"保境安民"的好国策，从而避开了烽火，有了难得的安宁。

杭州的老底子很不错，既有江湖的灌溉条件，也有发达的水陆交通，成就了鱼米之乡，商贸之地，瓷绸之都。

一旦有安宁的环境来配合，百姓便更加努力生产经营，发展的势头也就非常迅猛。

生产发展了，经济改善了，百姓的日子过好了，官府也能收到更多的税赋。有钱了，也就好办事，城市建设的脚步也跟上来了。很快，杭州城的面貌发生了很大的变化，东南大地上出现了一座生机勃勃的城池。

从钱镠出任杭州刺史的光启三年（887）到大顺元年（890），仅仅三年的时间，杭州就元气满满，财力大增，境内平安，百姓安居。这时候，南北地区深受战火荼毒的百姓，听说天下还有个富裕安宁的好地方，便纷纷或北上或南下，涌来杭州。随着城里人口激增，杭州现有的区域，也就显得厄狭了。

杭州城本来就不大，最初的城垣修筑是在隋开皇九年（589），当时的隋朝大臣杨素调集民工，在钱塘江岸的柳浦西（今凤凰山东麓）修筑杭州城垣。据史料记载，当时所筑杭州城的大致情况是，周围三十六里九十步，城门十二座。当然也有史料称，杨素建的城没有这么大，比如《太平寰宇记》就说杨素依山筑城，只限在凤凰山东、柳浦西一带，是相当狭窄的一座江边城。

激增的人口给杭州带来了更大的生机和活力，但同时也给一座城池带来了衣食住行各方面的压力，要想改变，必须扩大地盘，重新修建城墙。

大顺元年（890）的九月，钱镠决定，扩建杭州城。

钱镠说干就干了，带领军民，在老城墙的外面，再修筑一道新的城墙。这道城墙，是从杭州西南面开始修建的。修这道城墙，可不是一件很容易的事。要知道杭州不像北国中原，是一望无垠的平地，这江南地区，多的是山岭丘壑。特别是西南面，山连着山，一山又一山，在这里修城墙，要依着山势地势来修。有的地方要绕过一座小山，有的地方要连上一道山岗，还有的地方要穿过一片深林。

而且修筑城墙，又不是砌一道平常的围墙，城墙的墙体不仅要求又高又厚，还要十分坚固。只有无比坚固，等到敌人攻城时，才能不被轻易攻破，起到保城护民的作用。所以说，修筑杭州的城墙，是一项艰巨又艰难的工程。

修筑城墙开始了，钱镠带头上阵，身体力行。当时的情景应该是这样的：钱镠脱去官袍和朝靴，换上粗旧的衣服和草鞋芒靴，还拿条长巾往腰里一系，就好像回归到了当年挑盐时候的样子，一声呼喝，走进了民工的队伍。

钱镠和民工一起，运起了砖块抬起了石条。要知道钱王那是背阔膀粗，脚大腿壮，一副好身板，一身好力气，打起仗来以一抵百，干起活来同样虎虎生风。一块石条，他喝一声就上了背。需要两个人推的车子，他一个人就推上了。

有了钱镠的带头示范，身旁的众人，那是个个兴高采烈，人人浑身是劲，都争着干，抢着干，有劲使劲，有力出力，干得是一派热火朝天。

新的杭州城墙，一砖一石地修筑起来了。

钱镠这次扩建的新城，范围是从南面的包家山，到西面的秦望山，再往北折过钱王岭到达西湖之滨，全长

全唐文 卷一三〇 吴越武肃王钱镠

轻徭……使钾带比……唐武德……符盘深州终於王

都督凌阳公字道荣建……大建出於……武将军，又拜和戎将

军镇威将军镇……山第四环公字德玮……大夫中苏拜代波

将军理新蔡第五瑶公字德珪太建……大夫宣威将军鄙阳

王府中兵参军至德四年除骠骑大将军第六珍公字智德

武圣德四年拜远将军隋大业十年授溪阳令唐武德

七年与郡王平汤祐改授宜春第七项公字轩亶太夫十

四年拜猛将军隋大业九年平沧海道征与大将军周

法尚西谛破贼杨元威加朝散大夫第八璠公字玉仕

陈为亲信子弟内衙直大业九年平沧海道征与琪同破

杨元威加朝散大夫第九瑜公字横亦为亲信子弟羽

林宿卫同破贼功与琪璠并同兄弟九人显达相次时

人以为荀龙贾虎无以相若也烈祖显荣焕赫前史镠忝

为后裔嗣继清风特创新祠兼刊贞石时玉轮东远新主

登极两浙渠魁巳珍十州内获安将示後代宗克知於祖

称文德元年七月七日记

罗城记

大凡藩篱之设者所以规其内溝洫之限者所以虞其外

钦定全唐文 卷一三〇 吴越武肃王钱镠 六

华夏之制其揆一焉故鲁之祝邱齐之小穀犹以多事不

时而城况在州郡之内乎自大寇犯阙天下兵革而江左

尤所繁饰余始以郡之子城月滋久基址老烂狭而且

甲每至点阅士马不足迴转锐与诸郡聚谋建雉堞夹

以南北蟲然而峤崿嶷得以拙政优诏奖饰以为牧人

固吾圉以是举上奏天子嘉以拙政优诏奖饰以为牧

之遒其盍此乎俾而孙儒叛袭渡江侵我西鄙以剪以逐

藏於宛陵勤弩之次泛舟之助我有力焉後遂念子城之

谋未足以为百姓计东眄巨浸赣阊粤之舟揖北伺郭西

钦定全唐文 卷一三〇 七

通商旅之宝货苟或侮劫之不意攘偷之无栖则向者吾

皇优诏通足以自固……是復兴十三都经纬罗郭上上下

下如响而应爰自秋七月丁巳记於冬十有一月某日由

此郡以分其熟左右两翼合於冷水源绵亘若干里其高

若干丈其厚得之半民庶之负贩童髫之缓急燕越之车

盖及吾境者俾无他虑千百年後知我者以此城罪我者

亦以此城苟得之人而损之巳者吾无媿与景福二年十

一月日记

天柱观记

《罗城记》书影

五十余里。这道新墙，不仅大大扩展了地盘，而且使得西南面原本薄弱的城防，也得到了加强。

史书上，把这次杭州修筑的城池，称为夹城。

到了唐景福二年（893），距离修筑夹城又过去三年，眼看先前修筑的夹城又捉襟见肘，不够宽阔了，钱镠便决定，再次修城筑池。

这一年，钱镠已经平定浙西，被朝廷授为镇海军节度使，已经成为镇守一方的诸侯。

这次的筑城，南起鼓楼（与前夹城相连），东北沿淳祐桥、菜市桥至艮山门，西达武林门外，再曲折向南，止于昭庆寺后的霍山。这是更大范围的拓展，几乎对原先的城池进行了一次新的包围，近乎修一座城外城。

经过再一次的修筑，杭州城的规模比原先的扩大了好几倍，成了一座雄踞东南地区的大城池。而且杭州城城垣坚固，城楼高大宏伟，具有了王城的气派。

史书上，把这次杭州修筑的城池，称为罗城。

而这时候的杭州城，南北修长，东西狭窄，形状像一只腰鼓，所以民间把杭州城称为腰鼓城。

对于杭州城的城墙城楼，史书上是这样描写的：平整大石头做成的城门，门上面是城楼，楼房地基也是用石头来垒筑的，高度有四仞四尺。楼里从东端走到西端，有五十六步，从南端走到北端，也有二十八步。城楼的中间是通道，上面架了梁，中间是天井，天井的边檐盖着茅草。通道两边的柱子，有三十四根。通道的东西有阅兵台，也叫武台，台面宽大，其中可以坐上百名兵将。武台后面有旋转的台阶，沿着往上走，就到了城楼的上层。这上面的楼也是非常高，有六仞四尺，加上楼基，那是十一仞。楼里还悬挂着一口大钟，敲一下声音非常洪亮，定时敲钟，给城里人报时。

这里的"仞"，是个尺度，唐朝诗人王之涣在《凉州词》里写过"一片孤城万仞山"。那么，这个仞计量的长度大概是多少？仞相当于一个成年男子的臂长，与尺的单位换算为：周制八尺为一仞；汉制七尺为一仞。唐制一尺约为 30 厘米，一仞约为 210 厘米。"六仞有四尺"，大约为 13.5 米吧。如今的楼房，一层不到四米吧。那么杭州城的楼基，就有如今三四层楼这么高。现今三四层楼的高度，放在古代，算是够高了吧？

想象一下，站在当年的杭州城楼下，仰面望向高处，一定会感叹：这城楼好高啊。要是站在楼上朝下面望呢，极目远望，也就把四面八方都看在眼里了。那么要是来了敌军队伍，也就老远就能发现了。

除了夹城和罗城，钱镠又在城内修建了一座城。这座城中城也就是吴越国王宫所在的王城，也叫子城。

修子城的时候，中原已经换代了，唐朝已经灭亡，被后梁取代，后梁最初的年号叫开平。开平元年（907），钱镠被封为吴越王，吴越国成立。

吴越国成立后，原先的凤凰山州治，也就抬升为国治。在开平四年（910），也就是吴越国成立之后的第三年，钱镠围绕王邸修筑了子城。

修筑完成的子城，有南北两座城门，南门叫通越门，

钱王检阅水军的碧波亭旧址即在稽接骨桥附近

北门叫双门，也叫霍门。北门外建有碧波亭，钱镠曾经在这里检阅吴越水军，还从这里开辟出从钱塘江到西湖的通道。

而对子城之内的王宫，钱镠同样进行了重新修建。修建完成后，那是重楼叠宇，雕梁画栋，富丽堂皇，真真王者气派。

可以说，吴越王城不论是规模还是气派，都是杭州城史上前所未有的，同时在两浙以及东南的各城池中，也算得上是雄伟壮观。

当然，城墙修好了，王宫建好了，君王是开心的，而老百姓的心里，很可能开心不起来。杭州民众对钱镠接二连三修城筑池，又修建王宫，老是做这样劳民役民的事，产生了怨怼抵触的情绪。

所以在杭州民间，流传有钱王题诗平民怨的故事。

说是修筑凤凰山王城时，需要开山凿石，依山筑埂，工程进展得十分不容易。而监工的为了赶工期，不时责骂甚至责打工匠。工匠们心里有怨言，但是又不敢说出来。其中有一名工匠趁人不注意，就涂写了几句诗在墙上，写的是"没了期，没了期，筑城才罢又开池"。

也就是说，才修筑完了城墙，又要开建城池，没完没了，不知道哪天才是个头啊。

墙上的诗句被人看到，传了出去，也就一传十，十传百，一时间工地上的民工匠人们都纷纷议论起来。有些人甚至放下工具，想要罢工不干了。

话语传到了钱镠耳中，他也沉思了许久。但是钱镠没有下令停建，也没有追查写抗议诗的人，而是照人家诗句的样子，也写了几句，并让人悄悄贴在了工地上。

钱镠写的是："没了期，没了期，春衣才罢又冬衣。"

也就是说，春天的衣服才脱下，又要换上冬衣了，一年四季，就这么轮转更替，没完没了。城池也是一样，要不断修建更新。工匠民工们看了，都说这话说得没错，国家治理像一个人对待四季一样，需要更替推进。认了这个道理以后，大家也就没有再闹了，又认真干活去了。

钱镠在执政与建设中，没有采用野蛮的手段来对付手下人和干活的百姓，而是身先士卒，跟人讲道理，让大家明白他"保境安民"的良苦用心，从而得到了百姓的认可，保证了政令的畅通。

钱镠在罗城完工的时候，曾经跟罗隐说过一句意味深长的话，他说："千百年后，知我者以此城，罪我者亦以此城。苟得之于人而损之己者，吾无愧欤。"这句话的大意是：千百年以后，懂我的人说我的功劳是建设了杭州这座城，说我有罪的人，也是说我建造了这座城（因为建城劳民），从别人手里接过了城池，但是不珍惜，在自己的手上损毁，我没有这么做，对这件事我是问心无愧的。

钱镠一语成谶，后来在宋朝，还真有官员指责吴越国，说钱氏君王劳民重税。这种批评声，还记进了《新五代史》等史书之中。

如今来看，钱镠修筑杭州城，是功还是过，肯定是一目了然的。

第二节　万箭射潮，拉开了治理钱塘江的序幕

吴越国，以砖石修筑了坚固的城墙，然后以强大的军事实力与顺应的民心，筑起一道人墙，以求达到护国安民的目的。但是，树欲静而风不止，祸患还是接连到来。最大的祸患除了周边连绵的战火，还有钱塘江带来的水患。

千年前的钱塘江，可不是如今看到的这么一条看似温驯的江，只在潮来时听到隆隆响声，看到潮头卷起又落下。那时钱塘江的洪潮急流，不时冲塌堤岸，向四周冲击，给大江两岸，带去一片茫茫黄滔。也就是说，现如今所见的杭州城，在千年前，大部分区域是被江水侵占的。中河以东，庆春路以北，几乎是一片汪洋泽国。

钱王射潮雕塑

　　为了解除钱塘水患，救民于水，钱镠在完成杭州罗城修筑之后，马上着手治理钱塘江。在治理之初，钱镠给当时的中原朝廷，也就是后梁，上了一道《筑塘疏》。

　　钱镠在《筑塘疏》中说，吴越国江岸的风特别大，随着大风，掀起滔天巨浪，把钱塘江两岸的江堤全都冲垮了，从秦望山到东南十八堡，数千数万亩的田地，都被冲成了江面。受灾的老百姓，吃尽了苦头，快要活不下去了。

　　想想，老百姓千辛万苦开垦出来的良田，一下子被冲成江面，一派汪洋，期待成熟后养家糊口的粮食，转眼间一扫而光，这叫人怎么活？

　　作为一方执政者，老百姓的父母官，钱镠当然是看在眼里，痛在心里。也因此，不能再有迟疑，必须想方设法降伏兴风作浪的恶龙，捍海围堤，为百姓们奔走请命，为老百姓消灾去难。

后梁开平四年（910），钱镠着手治理钱塘江。在杭州调集了二十万的民工，开始了浩荡的捍海治江工程。

但是呢，工程才开始就遇上困难了，这困难还特别大。怎么回事？都知道钱塘江会起潮，而且潮水非常大。在潮头奔来的时候，往往是一个浪头接着一个浪头，由东向西滚滚而来，要是碰上障碍物，一下子巨浪冲天而起，就像一条发怒的飞龙。在这样的大潮中开展工程，

杭州江城路吴越国捍海塘考古发掘现场照片。原刊《杭州文物精萃》

难不难？

这时候，在治江总指挥钱镠心里，那一定是非常地焦急。要知道二十万的人力，也不是随便一征就能征到的，过度征用民力那是暴君暴行，轻则受人诟病，重则遭人抵制，说不定还会引发群体抵抗的事件，造成动乱。而错过修筑时机，老百姓可就得继续受苦了。

面对凶潮，钱镠一时也拿不出办法来，只得恳求天意，希望天神相助，就像当年与刘汉宏决战时拜神过江那样。于是真的设了祭坛，开始祭拜。拜了天神拜海神，拜了海神拜潮神，祈求众位神仙开恩，让潮水退去，让工程顺利开展。

可是，这回神仙们并没有理会钱镠，潮水照旧汹涌而来。这样一来，钱镠不干了，不仅下令撤了祭坛，还点兵点将布上阵势。

钱镠下令：所有的将士听令，取下弓箭，拉开弓，搭上箭。这箭，那是采了山阴的竹子做成箭竿，用钢火煅烧坚铁做成箭头。给每位士兵，发六支箭。现在，就把你们的箭头，统统对准潮头。

钱王要跟躲在潮头下的潮王，来个大大的较量！

一声令下，万箭齐发。

钱王射潮，一次不行，再来一次。直到把潮头射蔫了，就像一个认输的敌手，收起张狂的气势，低头缩脑，夹起尾巴，灰溜溜地逃走了。

为此，钱镠还专门作了一首诗，诗中说："为报龙神并水府，钱塘借取筑钱城。"这是先打了人家一个巴掌，再说抱歉了，得罪您老龙王啦，我钱镠不是想跟您争地盘夺龙宫，只想借用一下钱塘，为的是筑堤护城。

钱王射潮，也就从此流传，成了一个千年典故。

潮王一走，修建捍海石塘的工程，马上开工。在这钱塘江的两岸，修建工作万众齐心、热火朝天地开展起来。

从千年后的钱氏捍海塘遗迹来看，吴越王钱镠不仅是位杰出的军事家，还是位卓越的建筑工程师，他针对前人所筑土塘经不起潮水冲击的弊端，采用了"石囤木桩法"。也就是，编了竹笼，把大石头装进笼子里，再用木桩给固定住，修筑石塘。史书上记载，捍海工程队在离岸二丈九尺的地方，用罗山砍来的大木桩打桩六层，每层的中间交错用装满石头的竹笼和泥土填上，筑成土石塘，非常坚固。

为什么说钱镠修的石塘非常坚固？因为外面有楗柱，也就是大木桩，横竖几排，浪潮过来的时候，先打在木桩上。木桩虽挡不住浪潮，但这一拦一挡，能让水势减弱。木桩的后面才是石塘，也就是石头筑成的堤坝。冲向石塘的潮水势头已经减弱，而塘石用笼子码在一起，就结实了。塘石用笼子笼起来，可以稳住石块，不会散开，就像是筑了一堵石墙。

有了这堵坚固的石墙，总算把钱塘江的大潮水给治住了。

对于钱氏捍海塘的选址，还有个说法，绝对也是能体现钱镠以及古人智慧的。说是开始筑堤的时候，哪里筑得住，才码好堤石，一阵潮水过来，轰地冲垮了，连同石头泥土都卷走了，一片波涛浩渺，哪里还有堤坝的影子？等潮水退了再筑，潮水一来又冲没了。这样筑了冲，冲了筑，筑了又被冲，到底不是个事吧。正在众人对着无情江水发愁，一筹莫展的时候，钱镠又下令了，这回下令倒不是让人继续筑堤，而是要人挑着箩筐去收购砻糠。

砻糠是什么东西？或许现如今的许多人不知道。这砻糠，是稻谷经过砻磨脱下的壳，也就是稻米的外衣。可是这砻糠不能煮饭吃，又没什么用，钱王收集砻糠干什么？没想到，钱王要大家用砻糠来修一道堤坝。

这位钱王，是不是见钱塘江堤坝修不成，焦急上火，脑子紊乱了：明知道泥石堤坝都挡不住凶猛的潮水，还用轻飘飘的谷壳来修堤坝？但是君王有令，下面的人只好照办了。

很快，砻糠堤坝修好了。这时候，潮水也就过来了。不出意料，潮水一到，轻轻松松就把砻糠堤坝推动了。潮水往前推，砻糠堤坝往后退。好不容易潮头退去，堤坝停下来。可是刚停下来，下一波潮头又到了，这回的浪潮更凶更猛，堤坝也就退得更远。退了又退，终于，砻糠堤坝停下来了。再没有更大更猛的潮头能到达它的跟前了，所以它总算可以喘口气，稳稳地站住，似乎还可以从容地笑看江潮了。

这时候，钱镠下令，沿着砻糠堤坝的位置，修筑石头堤坝。

钱塘江两岸的人们，这才恍然大悟，原来，钱镠是要依据潮水的威力，找到合适的筑堤位置。位置找准了，到达这地块的潮水已经力竭精疲，强弩之末，当然就兴不起大浪，形成不了多大的冲击力了。

赶紧筑堤，筑成了千里固堤。

潮水再厉害，但是冲到堤坝这里，已经是强弩之末了，拍拍楗木，洗洗石塘，然后就像被打败的兵将一样，收敛起张狂的样子，夹起尾巴退身了。

在钱镠的带领下，杭州城的二十万军民，争白天赶黑夜，不顾辛劳，全力以赴，在钱塘江两岸整整奋战了两个多月，直到把捍海石塘修筑完成。

据说，这钱氏修筑的捍海石塘，规模之大，质量之高，作用之久，在杭州或者浙江的历史上，是从来没有过的。

再回顾一下钱镠以往说过的话，他说："民为社稷之本，土为百物所生，圣人曰有土斯有财，此塘不可不筑也。"这话的意思是，民众是国家社稷的根本，土地是百物赖以生长的根本，圣人说有土地才有财富，这钱塘江的江塘，不能不筑啊。这无疑是当时钱塘江边最铿锵的声音。

正因为这道钱氏海塘，使得杭州城不再受潮水的侵袭，保护了两岸的百姓民众，改善了生产的环境，使卤湿荒地，变成了万千亩良田沃土。同时让杭州能顺利地拓展外围，扩大了城池，从而为将来的繁荣昌盛打下了坚实的基础。

所以后人文天祥这样评价钱镠修筑钱塘江塘堤，他说："筑塘射潮，非止一时之保安，实有千年之功德。"这句话的意思是，吴越国修筑海塘，钱镠为民射潮，不仅是为了守护一时的平安，实在有着千年的功德。

钱塘成，杭州成。

第三节　选择千年国祚，还是选择留取西湖

如果杭州没有西湖会是个什么样子？

想象一下，站在湖滨那里朝前眺望，眼前没有了那一片波光潋滟，没有了水树烟阁，没有了红船白堤，与别处的城景一般无二了，满眼高高低低的房屋，几条通南通北的街道。

要是问，杭州没有西湖，失去的是什么？失去的，应该是顾盼生辉的一种灵动吧？一座城没有了灵动，就像一个人强壮却没有灵魂。而一座呆板的城，再怎么富足，也称不上是天堂之城吧。

这西湖，还真差一点没了。

是怎么回事呢？

原来钱镠建立吴越国，在选址建王宫的时候，找来了一名方士帮忙踏看风水。所谓方士，指的是有一技之长的人，古代泛指从事医、卜、星、相之类职业的人。用当今的话来说，也就是懂风水会卜筮的玄学人。古代科技不发达，对玄学极为崇信，遇到大事或难以决断的事情，都会请方士来决定。钱镠请来的方士，在杭州城里里外外踏看了一遍，然后正式向大王汇报结果。

　　方士：禀告大王，小士我已经勘到杭州城内最好的风水宝地了。

　　钱镠：好啊，先生快说说是哪块地方，要真是好

地方，我就在那里建王宫。

方士：就是西湖！

钱镠：西湖？西湖是湖，一片湖水，怎么能建宫邸？

方士：把湖水泄了，把湖面填平了，不就可以建造宫殿了。

钱镠：不行不行，西湖怎么能填，杭州不能没有西湖。

方士：大王啊，依照我的判断，西湖那地方，三面环山，龙踞凤绕，王气鼎盛，真的是宝地啊，如果大王选择填湖建宫，吴越国还会开疆拓土，甚至一统天下，这样一来，您和您的后代，必将成就千秋伟业，还能够拥有千年国祚，如果放弃西湖，另外择址，那恐怕只有百年的国祚。

钱镠：先生啊，你的话错了，五百年必有王者兴，哪有一千年不灭的国家？我钱氏能有百年国祚已经很不错了，何况这西湖是杭州城民的水源地，有水有民，无水无民，要是我把西湖给填了，老百姓们怎么生活？没有了百姓，还谈什么国家，谈什么伟业？我不会填掉西湖，西湖一定得给杭州留着！

千年国祚，当然是君王的梦想。但是钱镠却宁愿放弃梦想，也要保住西湖。他没有因为一己之私，把西湖给填没了，把杭州城的灵魂给摧毁了，十分可贵。

从而，民间一位布衣书生曾这样写诗称赞钱镠：牙

保民享国

诗句的意思是，钱镠在牙城的旧址上扩大城池范围，留下了西湖继续涌动着翠浪，有百年国祚就满足心愿了，哪里有一千年的国祚。

此后，英明的钱王不仅没有填没西湖，还特别成立"撩湖兵"，撩湖兵有一千多人，专门保护西湖。因为唐末战乱，西湖疏于管理，湖面上长了许多葑草，湖下淤泥堆积，西湖快成了一口污水塘，十分荒芜。有了撩湖兵，葑草和淤泥得到了清理，也就湖水清洁，湖面恢复明净了。

当然，撩湖兵的作用并不只为美化西湖的风景，他们的任务，主要是保护西湖水源清洁，以此解决杭州老百姓的饮水问题。古代不比现在，在家里把水龙头一拧，洁净的自来水哗哗地流出来。古代人饮水，主要依靠水源，山村饮山水泉水，城里只能饮湖水井水。

而在钱塘江没有治理好之前，因为潮水的倒灌，西湖水往往受到侵袭，海水入湖，使湖水成了苦水咸水，难以饮用。为此钱镠在治理钱塘江修筑塘坝时，特别设置了龙山、浙江两座水闸。水闸既可以视潮水涨落的情况关闭或打开，关闭能阻挡潮水，打开可以保证内河的畅通。这两个水闸，也是当时了不起的水利设施，凝聚着吴越人的智慧，后来才在浙北、苏南一带推广。有了水闸，江水无法侵入，西湖水的水质得到了彻底的改变。西湖就成了淡水湖，湖水不仅可以用来浇灌，经过撩湖兵的治理，还可以饮用了。可以说，吴越国时期的西湖，是杭州城民的一口大大的蓄水缸，是洁净甘美的水源。

吴越国后继者钱元瓘，为了更好地解决杭州城饮用水问题，还开凿涌金池，引西湖水入城。西湖水先注入清湖河（西河），向南流入菜市河，向北流入市河，最后到达盐桥河（中河）。

杭州城里的河道间，流淌着清亮亮的活水，百姓在其中取水，饮用，洗濯，或者饮牛饮马，多么舒心便利。

除了治理西湖，引湖水入城外，钱氏还在杭州城内开了许多口井，如吴山北麓大井巷的吴山大井，凤凰山麓梵天寺灵鳗井，钱塘门内香泉坊的四眼井，等等。据说，光吴越开国国君钱镠所开凿的井就有九十九口之多，其中吴山大井被誉为"钱塘第一井"。当然据史料记载，这些井跟李泌修的六井一样，是引入淡水的蓄水井，并不是地下水井，当时的地下水还是苦的。

经过钱氏君王大力建设，杭州城的山水湖井都更加美丽了，放眼看去，展翅欲翔的凤凰山，奔腾的钱江水，明净的西子湖，清亮的一口口城中井，一切都是如此灵动，美丽，鲜活。

再说回到西湖，可以说，钱镠和他的子孙，不仅保留了西湖，治理了西湖，还以西湖水浇灌和育养了杭州，从而真正育养了天堂之城千年灵秀、物阜民丰。

对于钱氏政权庇护下所造就的美丽杭州，就连此后北宋时期大名鼎鼎的政治家文学家欧阳修，也曾大加赞美。

他在《有美堂记》中说："邑屋华丽，盖十余万家。环以湖山，左右映带。而闽商海贾，风帆浪舶，出入于江涛浩渺、烟云杳霭之间，可谓盛矣。"也就是说，杭州城里的屋宇非常漂亮，这样的房屋有十余万，整个城市掩映在西湖和山林之中，十分好看。而在大江的码头上云集着各地来的商贾，商船在码头海港进进出出，行驶在江海浩渺的烟波中，真是兴盛啊。

而这位文忠公欧阳修，对吴越国还是有点看法的，也就是史书上所介绍的，有所微词。

绝大多数人都肯定与称赞吴越国，称赞钱氏君王，他欧阳修却有所微词，这是为什么？

说是欧阳修与吴越国钱氏后人，钱弘俶的儿子钱惟演，同朝做官，但他们之间产生过矛盾，并不交好。关于欧阳修与钱惟演之间矛盾的产生，是这样说的：有一次欧阳修邀请同僚聚会，请大家过来一起喝茶吟诗吧，当时也请了钱惟演。而钱惟演有别的事走不开，或是另外什么原因，没能及时赴会。结果呢，欧阳修认为钱惟演傲慢，对他就有了看法，也就闹出了矛盾。当然他俩私交中的这种矛盾，也就常人之间的小矛盾，也是十分平常的，但却导致欧阳修不仅对钱惟演产生了不满的情绪，并且导致他对整个吴越国有了看法。后来在欧阳修主持修撰的《新唐书》和《新五代史》中，把他个人的情绪都给表现出来了，特别拿吴越国"使宅鱼"这样的事，说吴越国苛政，压给老百姓的税赋很重。

就算他欧阳修心里对钱氏心怀芥蒂，但是吴越国造就的国家强盛与国都杭州的美丽富裕，到底让他欧阳修不得不刮目相看，不得不赞叹。所以说，吴越国创建的美丽与强盛，实在是太强大了，强大到让任何人都叹服。

而吴越国以及国都杭州的强盛，离不开钱氏君王带领国民的建设。杭州城美如仙境的风景风貌，更是离不开明智大义的钱镠，是他选择保留住西湖，留下这淡妆

雷峰塔出土的日本"饶益神宝"钱，可见吴越国的对外商贸已非常发达

浓抹总相宜的人间至美所在。

而西湖，可以说更像母亲的乳器，以丰盛的乳汁育养着杭州城。把杭州城育养得容颜焕发，生机盎然。

第四节 杭州市肆，是江南版"清明上河图"

在钱镠的主持与杭州民众的努力下，吴越王宫建成了。凤凰山上凤凰宫，雕梁画栋。居高望远，站在宫殿上向前眺望，钱塘江上征帆远影，江波浩渺。转身往后看，西湖上绿树烟波，山影环秀，东望城郭，西眺群峰。可以把杭州城的美景，全部收在眼里。

只是在史料中没有找到关于吴越王宫的具体详尽的描述，只能以南宋皇宫的记录来参考一下。因为南宋皇宫，就是在吴越王宫的基础上修缮与扩建的。

看看这南宋皇宫：南宋皇宫门十九座，其中皇城门四座，水门两座。殿二十三座，其中正朝区中两座，后宫视事殿两座，皇后、太后居殿五座，堂二十三座，斋四座，楼六座，亭九十座……有文德殿、紫宸殿、大庆殿、明堂殿、集英殿等，大庆殿两侧有朵殿，四面名垂拱殿，是日朝之所在，此外还有复古殿、福宁殿、缉熙殿……

这份记录是相当详细的，记录者是一位叫周密的南宋遗老，他写了本叫《武林旧事》的书。这位周密先生，他原来是南宋的大臣，在南宋被元朝灭亡后，他躲在民间，逃过了劫难，从此没再干别的，一心把故去的一个朝代给写了出来，写成《武林旧事》。因为许多景观是他亲眼看到过的，这份记录应该是比较准确的。

由此及彼，吴越王宫可能不及南宋皇宫浩大精工，但应该也相当壮丽。要不二百年之后，南宋王朝怎么会选择在吴越王宫的旧址上建造王宫？

那么想象一下当年吴越国兴盛时的王宫景象吧。白天看去，依山而筑的宫殿层层上升，就像开屏的雀扇，然后是绿树绕红墙，金顶映碧瓦，光彩非凡。入夜再看，那是珠光宝焰烛山河，一派灯火辉煌，真是好不瑰丽。

吴越王城因为依山而筑，所以整体形状与北方的王城是不一样的，不像北方那样，长是长，宽是宽，是一个端正平整的矩形。吴越王城是一个西高东低的不规则方形。也就是说，吴越王城打破了传统都城城垣方整、布局严谨的模式，因地建筑，自由发挥，这在古代的城市建设上也算是独树一帜。

吴越王城修成城中城，外面包围着罗城，罗城之外又是夹城，内外三重，城高墙实，这是出于乱世中求安然的需要。

在这三重城墙的杭州城，道路格局是一个"丰"字形状，主轴是一河一道，河是盐桥河，道是基本平行于盐桥河的主干道（即后来的南宋御街，今中山路）。主干道南端为吴越王宫，北端为市坊民居。

在杭州城，不实行"坊市隔离"制度。所谓"坊市隔离"，即像唐都长安城，以及早先的城市，建设中要求"前朝后市，左祖右社"。也就是王宫的路寝前面是朝，北宫的后面是市，左边是宗庙，右边是社稷坛。所谓路寝，是指帝王的正殿所在。

古人建设城市，是非常讲究规矩原则的，几经几纬，是门是庭，都要按照规矩来。就连进行商贸的市场，也要照着规矩来。这规矩不仅对建筑有要求，连交易市场的开市休市时间，也是很严谨的。照着既定的时间表，刻板地进行。

据说，长安城里市场买卖的时间，每天午时击鼓开市，日落前击钲休市。

除了时间，对集市的地点、数量、规模、经营物种、参与的人员等等，都有严格的规定。要是违反了，轻则被取消经营资格，重则受到惩处。

而杭州不是这样，钱镠发起了改革，只为方便市民的生活和商贾买卖，可以沿街建坊，可以在坊间就近枭卖，对数量、规模、经营的时间与物种、参与人员等等，都没有强制性的要求，并且鼓励城市闲散人员与外来人员从事买卖。

吴越国王钱镠，在一千年前领导了一场市场体制改革，注入了自由与开放的先进理念，从而让杭州城，让吴越国，一下子灵活起来，从而有力地促进了贸易的发展。

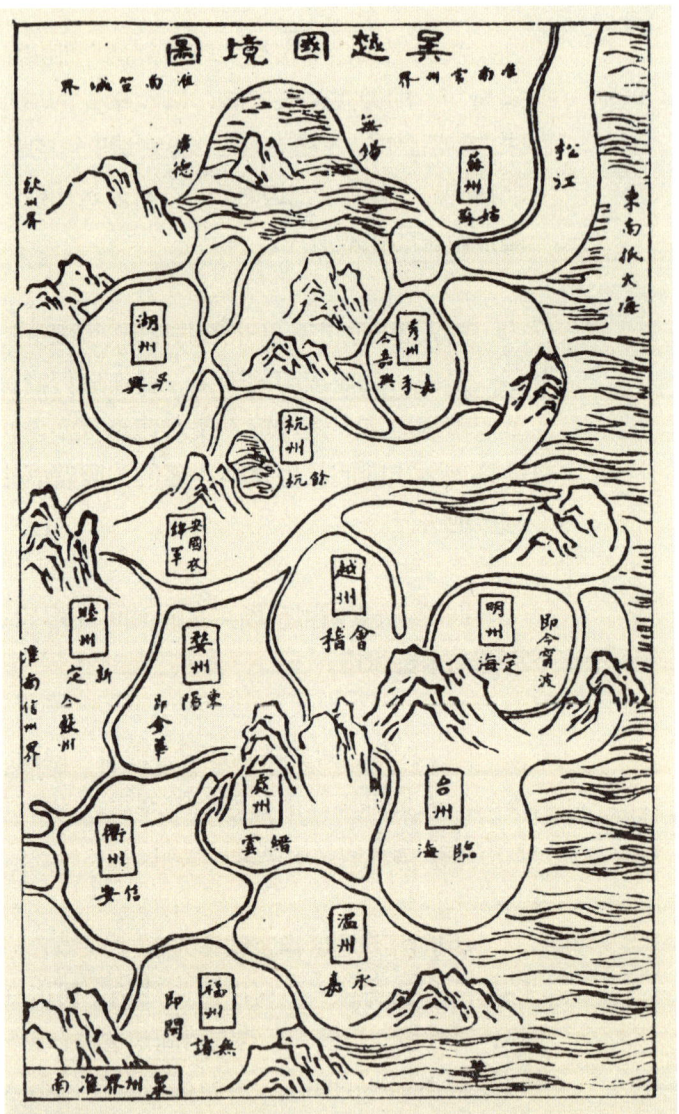

吴越国境图

描绘一下吴越国都杭州的市肆景况吧：盐桥河连通了西湖，明净清澈的河水汩汩流淌，淌过全城，由南向北，最后流入运河。河上，还不时有舟船往来，船上载着各色货品，靠街停下，卸下的物品直接上岸。河的两岸是商业街，沿街是密密的商铺。只见一家家商铺的门头挂着幌子，那幌子有长条形的，有方形的，有三角形的，上面各各书写着商铺或货品的名称。

太阳从东海岸升起来，清新明亮的阳光照向杭州城，街道两边商铺的门板渐次打开。这些商铺，有卖粮米的、铁器的、瓷品的、丝绸的，还有医馆、药铺、当铺……

在杭州的市场上，有来自大食国的火油，高丽国的沉香，契丹的宝器，等等。总之是货品丰富，林林总总，商贾往来，穿梭接踵，一派繁荣昌盛的景象。

商贸的繁荣，少不了通衢之道。在古时，重要的走货之路当然是水道。杭州的水路相当发达，其中之一便是大运河。大运河这一南北运输的大动脉是现成的，只要清淤疏理，大吨位的货轮就可以通行了。据史料记载，吴越国时期杭州的运河上，每天有许多艘大吨位的船只来往，或装货，或卸货，络绎不绝，一派繁忙。其二是海上航行，那就需要有提供轮船停泊与起航的港口，为此吴越国建设了多处贸易港口，除了杭州，还有明州、秀州（今嘉兴及其邻近地区）、温州等地。

万里通衢一水间。

关于古代都城的盛世景象，人们往往会想到熟知的《清明上河图》，它是一幅北宋都城汴京（今河南开封）的盛世长卷。画卷上，达官贵人，文人雅士，人来车往，鼓乐茶肆，店铺林立，车水马龙，热闹非凡。这是在吴越国纳土归宋之后，北方城市才出现的盛景。

在汴京兴起之前，吴越国的杭州早就兴盛了。杭州当年的景象，与《清明上河图》的画面应该类似。很可能，吴越国杭州城当时的盛景，与后来的北宋汴京比较，有过之而无不及。

吴越国都杭州城，临街是鳞次栉比的店铺，更有许多的家族从事生产和加工。这些加工业，主要以纺织为主。所以有人形容当时，可以说杭城机杼之声，比户相闻。织机声，从一户接一户的家中传出来，满满一片。

杭州的兴盛，带动了别的城市也兴盛起来，如苏州、越州、湖州、明州以及温州、福州等。

吴越国的建设与治理，为杭州后来成为"上有天堂，下有苏杭"这样有实力的名胜城市，打下了扎实的基础。

第四章

奠基天堂之城，一叶丹心，山高水长

第一节　围绕杭州城的刀光剑影

都说这吴越国修筑的杭州城墙，那是内外三重，城固楼高，异常坚实。事情也确实是这样，吴越国杭州城是座坚固的腰鼓城。这样的城墙，就像正值壮年的君王钱镠，身强体壮，气宇轩昂，矗立在烽火年代的东海之滨，哪怕身处险恶，也能做到岿然不动。

但是，围绕这吴越城池，这片江南沃土，并没有因为城墙的结实而做到真的纹丝不动。争池夺地，你来我往，战事依然频繁。

在五代十国时期，时刻觊觎着吴越国的，是淮南吴国的杨行密。因为他杨行密的大本营，就在宣州，与杭州算是一山之隔，十分靠近。所以经济发达的吴越国，对于野心勃勃的杨行密来说，那就是嘴巴边的一块肥肉。一天天看在眼里，一天天垂涎三尺，多想早点咬住，吞进自己的肚子里。

先说说杨行密这个人。杨行密，庐州合肥（今安徽长丰）人，南吴国君，史称吴太祖。杨行密原来是庐州

将台山山顶平展，曾是吴越王钱镠讲武之地，南宋时为御教场，孝宗与后宫妃嫔也曾在此习武或阅兵，清代建有澄观台，为西湖二十四景之一

的一名中下级军官——牙将。杨行密也是在带兵攻击黄巢起义军的战役中，脱颖而出，从而一步步高升。先是当上了淮南节度使，后来于天复二年（902）受封吴王，成为割据江淮的一位实力人物。

据说杨行密，这位与钱镠同时代操戈的风云人物，确实也有他的过人之处。欧阳修《新五代史》中记载，杨行密是位远近闻名的大力士，能举起几百斤的重物，脚力更是惊人，一天能走三百里。在动荡的岁月里，正是因为他杨行密也是一位勇武过人的好汉，因此能稳据淮南称王。

而钱镠与杨行密之间，可以说有着深深的江湖恩仇。说是各据一方的两个人，首先是暗中较劲，一个用粗麻绳穿铜钱眼，这"穿钱眼"意思为"穿透钱镠的眼睛"。另一个呢，马上反击，拿斧子砍杨树，这"砍杨头"意思为"砍杨行密的头"。

暗斗说是斗，其实不过打打嘴仗，就像小孩子闹矛盾一样，你骂一句，我回一句，到底不尽兴。只有来真刀真枪，那才过瘾。

比起以"保境安民"为国策，不图扩张领地的钱镠，杨行密的野心更大，他主政淮南之后东征西战，一心扩大自己权力的版图。攻打吴越国，拿下杭州，是他最急不可待的事。

但是杨行密到底顾忌钱镠，杭州有钱镠杵在那里，他不太敢动。所以有一次想攻打杭州的时候，先让密探扮成僧人，混进杭州城打探情况。

密探来到杭州看过之后，回到吴国跟杨行密说，杭州城那是腰鼓城，城墙非常结实，城楼非常高，您要是去攻打，只怕难以攻下来。

听密探这么说，杨行密也就暂时放弃了攻取杭州的念头。

到了天复元年（901）八月，杨行密听到个小道消息，说是钱镠死了，是"为盗所杀"，也就是被强盗杀了。这种传言，或许是民间传播的谣言，也或许是钱镠方故意放出去的烟幕弹。杨行密却相信了，与其说相信，不如说他等待这一天，等了很久了，无论是真还是假，他再也等不及了。当下，他派出手下大将李神福，急不可待地扑向杭州城。

钱镠得到了杨行密攻打杭州的消息，知道来者不善，不能轻敌，就派出了吴越国最得力的大将顾全武迎敌。顾全武是钱镠的臂膀，当年收拾董昌，就全靠顾全武的主张与力行。如今顾大将军再次披甲上阵，来到临安郊外，布下了阵营。

顾全武带领的镇海军，与李神福带领的淮南军，在杭州城外的临安，你攻我守，你守我攻，整整对峙了两个月，不分胜负。李神福没能突破顾全武的防线，也就没法到达他们的目的地杭州。而顾全武也没法把李神福击退，让他们离开两浙，回淮南去。

两军相持不下的时候，兵法中的计谋就派上用场了。李神福这位杨行密手下的劲将，也不是位有勇无谋的草莽之辈，大概也读过兵法书籍，懂得兵不厌诈。眼看一时突破不了顾全武的防线，他就一面下令兵将拔寨而起，做出撤军的样子，一面吩咐手下在路边设下埋伏。

顾全武这一次实在是大意了，或许与敌方对峙太久，一心想把战局给扭转了吧。听说敌军退兵了，信以为真，一声令下，带领将士冲出营地去追杀。结果杭州军毫无防备地中了埋伏，被杀了个措手不及。而且，名声赫赫的名将顾全武，竟然被李神福给活活捉住了。这是顾全武多年行伍生涯中的一次惨败，也是他出战以来唯一的一次失手。

李神福擒获顾全武之后，没有立刻回淮南，而是继续挺进，一心要拿下杭州。但是有座临安城，是钱镠的家乡，钱镠控制两浙之后，在还没有修建杭州城之前，就早早修筑了临安城，筑得异常牢固。李神福发力一攻再攻，就是攻不下临安城。越不过临安，也就抵不了杭州。

临安城，是一座护卫杭州城的重要堡垒。

李神福见实在没法拿下临安，只好退走，回淮南去了。当然，他带上了重大的战果，重量级的战俘顾全武。

虽然这次淮南军的入侵，没有伤到杭州城，但是钱镠一听顾全武被捉去了，当场就失声痛哭，说：老天呀，顾全武是我之良将啊，怎么能丢了呢？

顾全武被敌军擒获，替他的性命想一想，一定是凶多吉少。要知道一员得力的大将，那是国家和军队的脊梁。要是被砍除，肯定会削弱一个国家的力量。那么杨行密想要吞并两浙，正好有机会杀了顾全武，再放开手脚攻打吧。

庆幸的是，杨行密并没有杀害顾全武，而是将顾全武送回杭州，拿他交换先前被俘的吴国战将。

顾全武回到杭州之后，跟钱镠汇报了被俘的经过，然后再跟钱镠说：我们杭州城的城墙就算十分牢固结实，如果孤立无援，被四面敌军围攻，总有被攻下的一天，所以想要城池岿立不倒，除了修筑城墙，安抚民众，还需要跟周边的国家和地区结为友好，关键时刻，只有获取外援，才能渡过难关啊。

如果疑心很重的人，听到被俘后放回的手下这么说，一定会怀疑这个人是不是叛节了，回来替对方做起了说客。但钱镠不是这样的人，他心胸宽广，疑人不用，用人不疑，虽然没有立即答应顾全武与邻里结好的意见，但是好好安抚了顾全武，答应会好好考虑他的提议。

没想到的是，正是顾全武以及他与邻结好的策略，在未来的关键时刻里，拯救了吴越国，拯救了杭州城。

第二节　什么叫向内筑城

杭州城墙修筑完成之后，钱镠带着两浙的文武官员视察，一路上看到墙面结实，城楼高耸，不由有些踌躇得意，对着身边的众人说：我这杭州城修得高大坚固，壁垒森严，每十步便有一座敌楼，算是固若金汤了吧？

众人肯定附和，鸡啄米一样点着头说，那是那是，杭州城牢不可破，不说天下第一城，一定是江南第一城了。

其中却有一个人，并没有附和，并且一脸的不以为然。这个人，是镇海军节度判官，他叫罗隐。罗隐是位有学问又有主见的人，可以说是钱镠的智囊人物，关于其人其事，后文中还会专门介绍。

罗隐有才学，有主见，也有着文人的硬骨头，对于主子钱镠说的杭州城坚不可破的话，他就不会轻易附和。

钱镠倒也没有生罗隐的气，只是问他：你有什么不同看法呢？

罗隐说：依我看，这城墙还不如向内修筑。

罗隐的这句话，成了历史上有名的一句话，就叫向内筑城。

向内筑城，什么意思？

这句话的意思是攘外必先安内，外贼易敌，家贼难防。也就是说，要是城里人反叛作乱，哪怕城墙再坚固，也是容易攻破的。

罗隐的话，像一句谶语，很快应验了。

天复二年（902），杭州城就起了一回内乱，即"武勇都之乱"。

说到武勇都，必须说五代十国时候一名臭名昭著的将领，他叫孙儒。武勇都，就是孙儒的手下人马。

这个孙儒，河南蔡州（今汝南县）人，也是在击剿黄巢起义军时候崛起的，兵势强盛，曾横行于江淮间。为什么说孙儒臭名昭著呢？因为，他孙儒和他的兵将们，是吃人的魔王。这个吃人，还不是说打打杀杀的，而是把人肉端上餐桌。在史书记载中，孙儒的部队从来军无纪纲，凶狠歹毒，每到一地，地光，每进一城，城空。对于满城普通百姓，是一个活口都不放过，全部杀了戮了当军粮。军队出征时，不带粮食，用马车拉着盐渍的人尸为军粮。

恶毒如此，必遭天谴。食人魔孙儒，最后被杨行密和钱镠所除。在除掉孙儒之后，钱镠和杨行密对他原先的人马进行了分配，其中有一半的兵马将士归于吴越国。钱镠将这些人马组织成一支新的队伍，叫武勇都。

收编这些吃人部队残留人马时，罗隐一开始就有顾忌，奉劝钱镠说，敌国之人，不可轻信。但是钱镠自己行伍出身，对于骁勇的将士从来十分喜爱，不肯轻易放弃。何况他认为自己亲自培养起来的八都兵一枝独秀，也令人担心，有心以武勇都来制衡一下八都兵，所以就没有听罗隐的忠告。

这一年两浙没有战事，而钱镠想给去世的母亲水丘老夫人做个祭场，便派人修缮墓穴，并开挖一条保护墓地的大水渠。为了加快工期，不耽误祭礼，钱镠派出武勇都士兵到临安参与挖渠，并由右都指挥使徐绾带领。

士兵战时上战场打仗，闲时参与工程建设，这是当时常见的事情，比如筑捍海塘、修城墙等等，都少不了兵将的身影。只是，这武勇都的人马，都是孙儒调教出来的，打起仗来劲头足，连死也不怕，但要扛锹使锄干活，可就不乐意了。加上当时挖渠的时候，在暑天，天热，动一下，全身冒臭汗。为此，武勇都的士兵开始集体抱怨。

钱镠也知道工地上的将士和民工们辛苦，特意回乡犒劳慰问。没想到在犒劳的宴席上，这名叫徐绾的将领就跳起来，向钱镠发难了。他说：怎么让我们干这样的活，是不是你们故意为难我们这些武勇都旧部？虽然当时徐绾被在场人及时制止，而且他也以自己是醉酒失态来为自己的过激行为搪塞，所以没有发生大的冲击，但是他知道，自己作为一名降将，当着面跟新主子开火，等待他的，肯定不会是什么好下场。

为此徐绾决定先发制人，当晚就带兵反叛。照叛军的计划，先把钱镠拿下，让吴越国群龙无首，陷入混乱，从而一举拿下吴越国。

但是徐绾他们，并没能如愿把钱镠给控制了，甚至连钱镠的人影都没找到。或许是钱镠的临安官邸很结实，让人无法轻易攻破，也或许钱镠作为国君，三窟而居，轻易不会让外人掌握行踪。

徐绾找不到钱镠，捉不到人，也就没在临安多停留，带着人马赶回杭州。回到杭州之后，马上与守城的武勇都人马会合，决定攻陷杭州城，颠覆吴越国。

家贼作乱，里应外合，杭州城眼看到了危急关头。

正如罗隐说的，任凭杭州城的城头多高，墙体多结实，如果里面作乱，再高再坚固也没用。

面对突如其来的变异，杭州城内钱镠的亲信与手下，赶紧退回内城，也就是最里面的王城，再闭门拒守，顽强抵抗，极力护城。

这个时候，杭州城的百姓可就遭了大殃，这些食人部队的残余，本来恶念就很深，降了钱镠之后受到束缚，已经十分难受，如今有了机会，就加倍地释放恶欲。一时间烧杀奸淫，杀人喝汤，无恶不作。

原本温婉如玉的江南胜地，美丽杭州，转眼间成了一座血腥之城。

钱镠得知情况，及时赶回杭州。知道外城已经被叛军占领，就悄悄迂向边城，来到凤凰山，再想办法翻越城墙，直接进了王城。

越国都城被叛军占领，君主身陷王城，安危系于一旦。这样十万火急的消息，很快传到了越国各个州府。许多州府的守将，都是八都兵出身，也就是钱镠一手培养提拔的亲信，得知主子有难，当然是毫不迟疑，出兵救主。如东安镇将杜建徽，湖州刺史高彦，以及高彦的副将屠瓌智，都赶紧出动。

但是各路赶来的人马，一到杭州，便中了叛军的埋伏，被叛军四面夹击，几近全军覆没。忠心耿耿的屠瓌智，只能以身死报主恩。

这时候，早已对两浙对杭州觊觎已久的杨行密的手下大将田頵，知道有叛军围了杭州城，先与叛军联系上，然后带兵赶到，与武勇都的人，一起攻打杭州。

这位田颙，是个野心勃勃的家伙，他来攻打杭州城，不全是为了帮助徐绾他们，他是想自个占领两浙的地盘，由他来坐镇杭州，称王称霸。

两浙告急!

杭州城告急!

危急关头，冷静又有远虑的越国大将顾全武，再一次站出来，他向钱镠建议，马上与吴国结亲，请亲家出兵出力，来给越国化解灭国的危险。

钱镠知道，这时候与淮南结亲，说是送个儿子过去攀亲事，其实是让儿子作人质，求人家出手相助。要是事情成了，作为人质的儿子不知道什么时候才能回来。要是事情不成，送去的儿子肯定是凶多吉少。

就在钱镠忧心忡忡、迟疑不决的时候，他的六儿子钱元璙站出来了，主动跟父王说自己愿意去吴国结亲。钱镠不管多么舍不得爱子入虎穴，但危急时刻，也只能这样了。当下，让顾全武带着钱元璙，翻出王城，取秘密小道，直奔吴国。

据说，杨行密见钱镠上门求亲，开始不乐意。要知道他与钱镠，也算是生死敌手，战场上兵刃相见才痛快，不战而握手言和，还结为儿女亲家，不光心里有份别扭，且不能在战场上分了胜负，也没了痛快。而且这次是因为越国到了危急关头，钱镠有求于他，有求于吴国的力量，才让儿子来结亲，又不是真心要与他杨行密交好。

但是呢，钱镠之子钱元璙一表人才，人又聪明，应答起来机智敏睿，让杨行密不得不刮目相看。而且有顾全武在中间说媒作保。顾全武与杨行密，因为顾全武先前被擒被放，与杨行密有了交集，英雄重英雄，惺惺相惜，彼此都十分敬重。当然，顾全武要是不了解杨行密，对自己的举动没有一点把握，怎么敢把钱元璙领到吴国？

不知道顾全武与杨行密进行了怎么样的沟通，反正后来杨行密答应了儿女婚事，而且答应出兵搭救越国。

当下，吴国杨行密派兵杭州，及时解救了杭州城的武勇都围城之难，同时化解了越国的灭顶之灾。

据说解围时，还有事情生出来。生事的是田頵，这个心怀叵测的小人，他原本是杨行密的手下，既然主子发话，要他退兵，他应该服从命令，马上退兵。但吴国的国内，也是势力分散的，杨行密说的话，下面有实力的将领，很可能会顶着不执行。当下，他田頵提要求了，说退兵可以啊，但是有个要求，不仅要越国拿出钱来，犒劳他手下的将士们，而且还要人。要的不是别人，也是钱镠的儿子。他要跟杨行密一样，也与越国结亲，也要个钱镠的儿子做自己的女婿。当然，他田頵的心思谁不知道，才不是为了结亲，而是要人质。

让儿子给杨行密做女婿，钱镠多少还是乐意的，但与田頵这种乘人之危的小人结亲，真的是答应不出来。但是不同意，人家就不退兵呀，怎么办？

关键时刻，钱镠又一位大义的儿子，第七子钱元瓘，也就是后来的吴越国后继国君，挺身而出，主动要求为国为家去赴汤蹈火，以满足田頵的要求。

值得庆幸的是，后来钱元璙和钱元瓘，钱镠两位有才有识又有胆量的好儿子，都没有因为人质身份而死于非命，而是都平安地回到了吴越国，回到了杭州。

第三节　乱世中，吴越国怎么做到富甲一方

乱世，强者争霸，烽火连天。天下战乱，吃苦受罪的是老百姓，往往是田地家园被焚被毁，一家人流离失所。也就是古代曲中唱的，"兴，百姓苦；亡，百姓苦"。

而吴越国，在钱氏政权的运作下，国内算是安定下来了。治国理政中"保境"的目标，基本实现了，接下去当然是"安民"。这"安民"，是在不让老百姓受苦受难的基础上，更进一步，想方设法让大家过上好日子吧。

怎样才能让百姓过上好日子呢？

必须是发展生产，搞经济建设。用现在的话来说，就是以经济建设为中心，促进社会的安定与发展。

吴越国，又是怎样发展经济与社会的？

第一个关键词：圩田。

民以食为天，对于社会发展来说，发展农业，解决粮食问题当然是头等大事。说到吴越国怎么种粮食，就要说圩田了。

什么叫圩田？所谓圩田，也叫围田，也就是古代为了发展农业，通过围坝开垦的方式，开辟出更多种粮育谷的田亩。具体的方法是，在浅水沼泽地带或河湖淤滩上围堤筑坝，把田地围在中间，把水挡在堤外，并在围内开沟设渠，用以灌溉。

要知道在江边湖畔，因为江水湖水的席卷，带来了许多的泥土。这些淤泥累积之后，让整片土地变得十分肥沃。但是江水湖水却不时漫延，冲刷着这片土地，使得这千里百里的沃野，不适合耕作，眼睁睁看着杂草丛生，一片荒芜。筑起围堤，把洪水挡住，把土地保护起来，再开垦耕作，就成了良田。

这围垦的良田除了土质肥沃，还有个得天独厚的条件，就是灌溉条件好。因为地处江边湖岸，水源充足，只要做好蓄水工程，圩田中因为灌溉便利，就不存在缺水的问题。遇上大旱天，旱地里的庄稼干枯了，而这圩田就没事。任凭烈日如火，围起来的田野上，也是一片旺绿。但要是雨水过量，遇上涝灾，可就糟糕了吧？也没事，因为距离江湖近，只要修好了水渠，可以做到及时排涝。不怕旱，也不惧涝，这样的田地，那真的是旱涝保收的宝地，是天下粮仓。

杭州，就具备了圩田的条件，钱塘江两岸，西湖四周，都是沃野。当然，要圩田开发江滨湖滨的土地，有个先决条件必须完成，那就是修好水利。把港浦挖好，河道疏通好，厘清水系，做到有效排流，去除污积，才能进行开围圩田。

据史料记载，钱氏吴越国时，杭州境内，捍海筑塘，疏通河道，把钱塘江治理好了。境外的上下流，把从长安堰到盐官的河道疏通，让河水通过清水浦进入大海，开通了无锡的莲蓉河，河水从武进庙的堂港，到达常熟的疏泾河、梅里河进入大江等等。说是吴越国治水，贯承汉唐以来的做法，积极疏浚河道，治理水系。这些水利工程不限于国都杭州，可以说是在吴越国全盘规划，全面进行的。并且在整个水系治理上是有序开展，有堰有闸，十分科学。经过几番治理，吴越国基本解决了水患。

水系畅通，消除水患，也就可以进行圩田开发了。

有了大片的圩田，就可以大面积种植水稻了。由于圩田中的泥土十分肥沃，种出来的稻米，有普通田地的数倍之多。也因此，当时在江南吴越国境内，那是稻米飘香，粮食充裕，从而能够做到"斗米十钱"。几年辛苦下来，吴越国有吃不完的粮食，有望不到头的良田，国库丰厚，百姓富足，其中也就产生了许多大户富户。

吴越国王钱弘俶告水府文银简。正面刻吴越国王钱弘俶23岁告水府文，纵10行，简文内容是祈求风调雨顺，国泰民安。浙江省博物馆藏

而在吴越国之外的其他地区，比如中原，因为饱受战火与灾害，中原是"斗米万钱，死者相枕"。也就是说，一斗米要一万钱。甚至是，有钱也买不到粮食。粮食稀缺，还叫人怎么活？北方大地上死去的人，那是死人压着死人，到处是死者的尸首啊。

吴越国粮食充足了，也就有了更多的田地去种植桑麻。麻收割后纺纱织布，解决普通百姓人家的穿衣铺盖。桑叶养蚕，蚕吐丝，丝可以用来织成绸缎。高贵的丝绸，一来满足了有钱人家的生活需求，二来是商贸的行俏货，可以用来与别的国家和地区进行贸易交换。

在吴越国，人人腹中饱，个个身上暖，生产的热情与积极性也就高涨。据说那时境内有"桑麻蔽野"的景象，更有"春巷摘桑喧姹女"的喧闹。

而当时的吴越国都杭州城，因为有良好的交通条件，船只绵绵不断运来桑麻蚕丝等原材料，城中也有体力充沛的劳动者，所以一些生产加工的作坊，就像雨后春笋一样冒出来，可以说是家家开织机，户户忙生产。

随之而来的，是杭州织锦业的快速发展。杭州，也就成了名闻遐迩的"丝绸之府""丝绸之都"。

第二个关键词：贸易。

吴越国在对内贸易上，前文已经有所介绍，主要是取消制度障碍，不要求"坊市隔离"，而是"坊市结合"，不要求定时定点开市休市，而是开放自由为主。因为机制灵活，从而为贸易兴盛奠定了基础。

吴越国的贸易，当然不会局限于自己这个小国之内，

恭俭持盈

而是积极拓展全中国的大市场。

据说吴越王向中原朝廷进贡，表面上看，是自掏家底，一味向中原朝廷示好，而实际上，是吴越国在与中原朝廷结好的同时，得到了与北方进行贸易的优先权。所以吴越国向中原进贡时，总是会带去一支庞大的商人队伍，与北方进行各种贸易。对吴越国这种看起来有点假公济私的行为，中原朝廷的君臣也是明白的，其中有人看在贡品丰厚的分上，赞同中原朝廷在政策上优待吴越国。也有人对吴越国的行为不满，有的甚至公然反对。比如后梁贞明二年（916），当后梁末帝打算表彰吴越王钱镠的贡献时，有人就站出来说，不行，不能嘉奖钱镠，他进贡是为了做生意，赚得够多了。史书上这样记载："朝议多言镠之入贡，利于市易，不宜过以名器假之。"其实，贸易双方是双赢的，吴越国得到好处，对别的国家来说，一样有好处。对这一点，北方朝廷中的主政者也是清楚明白的，所以该给钱镠的奖励，还是给了。

为了加强南北贸易，吴越国除了开通航道，还在沿海各地建立了一种专门管理贸易的机构，叫博易务。

这博易务，大致相当于国家的派出机构，就像现在的驻京办、驻广办。不过博易务是服务贸易的，也就是商业方面的派出机构。

而这博易务的权力，看起来还不小，对于逃债或者失信者，会擅自把人抓起来审问，还会处以刑罚，连州县之类的地方政权也不得过问。而其中这些纠纷或处置与贸易相关，也就与金钱有关。不过呢，有钱能使鬼推磨，有利可图的地方，不免会产生贿赂与腐败，说不定会成为阴暗地，对国家以及贸易都产生不利影响。这博易务，后来就发生过腐败的事，而且不是少数几起。

不管怎么说，吴越国设立了博易务，从中可以看出当时贸易范围的宽广，以及商贸势力的强劲，这在当时也算是综合国力的体现之一。

吴越国还很好地发展了海外贸易，也就是现在说的"外贸"。前文中说了，因为吴越国每年要向中原朝廷称臣纳贡，但是中间被别的国家阻隔，不便往来。"江淮道梗"，"江淮不通"，这是因为吴越国与江淮国家比如吴国，一度交恶，其领地不给通行。没办法，只好造船走海路。大海航行，在当时的条件下，比起内航通行或者陆路扬鞭应该艰难得多。可这样一来，竟然促进了吴越国海航业的发展。大船造起来了，航海的经验也慢慢积累起来了。

有了大船，有了航海经验，也就不会只跑中原，会跑去更多的地方，更多的国家。也就与海岸周边国家，开展了联系与贸易。

说是吴越国当时的船只，夏季从杭州出发，横渡东中国海，顺风驶达日本，秋后再顺着东北风返回杭州。这些商船从杭州运出的货物有香药、锦绮、瓷器等，运回的有火油（石油）、沉香、槊木等国内稀有的物资。

为了便于通航，钱镠还组织人手凿去了海中的罗刹石，拓宽了杭州湾航道。通航条件改善了之后，除了吴越国的船只进出港湾，别的国家的船只也纷纷到来，从而给吴越国带来了琳琅满目的洋货。

在钱镠成立吴越国初年，便和海外互通来往。后来，吴越国又在衣锦军建立置放玉册金券诏书的三幢楼房，派遣使臣到东南亚各个国家，册封那里的首领。这么做，吴越国就成了众多海滨小国的头，不仅有利于双方贸易，也使得吴越国的商人商船在海外有了落脚地。

在吴越国的末期，直到北宋初年，也就是钱弘俶入主杭州时期，都有详细的涉外贸易记载。其中有史料记载，高丽国（今朝鲜半岛）的船主王大世，用重达千斤的沉香木做成形态精美的木山，就像南岳衡山的七十二峰。忠献王钱弘俶提出用五百两黄金买下，王大世竟然不卖。

从这里可以看出，外贸来杭的产品十分丰富，连大型艺术雕刻品都运来了。而吴越国王钱弘俶用五百两黄金来买高丽的木雕，船主王大世竟然不卖。也就是说，吴越国王没有因为在自己的地盘上，就强买强卖，当时吴越国的贸易规矩应该是完备的，贸易安全也有很好的保障。据说吴越国当时还设有市舶司，或者是类同市舶司的一个机构，专门负责海外来往和贸易事务。

据《新五代史》记载，从吴越国都杭州出发的使者和商人，东到日本，北到高丽、契丹，南到林邑（今越南南部）、婆利（今文莱），西到大食（古阿拉伯帝国）、波斯（今伊朗），真可以说是扬波远航，互通有无。

看看这样的诗句，"夜市桥边火"，一片灯火，一派人声，那是杭州城里兴旺的夜市。"春风寺外船"，春天里的船只上载满了丝绸绮罗粮米等等货物，或北上，或南下，或出埠远枭，广开贸易之路。"东畇巨浸，辏闽粤之舟橹；北倚郭邑，通商旅之宝货"，这句话说的是南来北往的客商聚集在这里，南北的商品货物也在这里交易。

可以想象，吴越国时的杭州，那是商贾云集，百业兴旺。

第三个关键词：钱币。

在唐代，武德四年（621）铸造的钱币"开元通宝"是当时的主要货币，流通很广，直到五代十国，还是一直沿用。但因为五代十国的政权割据与政治混乱，大部分国家都铸造了新币。所谓五代十国新币，也就是诸侯国自行铸造的货币。这些新币只能在诸侯国内流通，不能与别的国家进行互换流通。

在五代十国那样的乱世中，钱币制度像政局一样混乱，诸侯国铸造各自的钱币，也是不可避免的事情。在吴越国，凭自己的国力与经济实力，也可以自行铸造钱币。但是吴越国偏偏没有这么做，一直沿用中原朝廷的钱币，也就是从唐代沿用下来的"开元通宝"。

其实吴越国也不是没想过铸造新币，忠献王钱弘佐在位时，就想学别的诸侯国，铸造自己国家的通用货币，也就是新币。并且想以铁这个金属来铸造，铸造铁钱。他认为，有了大量的新币，可以多多犒赏给手下将士，增加他们的薪金俸禄。不过他有了想法并没有马上予以实施，而是把自己的想法说出来，先与大臣们商议，听听大家的意见。

结果，钱弘佐的弟弟钱弘亿马上站出来，极力打消王兄铸新币的念头，还提出了铸造新钱的八大危害。

钱弘亿说，铸铁钱这八大危害分别是：第一，新钱流通后，有价值的旧钱都会流入邻国；第二，新钱可以用在自己国家，不能用在别的国家，那么会造成贸易的不方便；第三，国家严禁私铸铜钱，还有人铤而走险，要是换成铁钱，那么百姓家里有铁锅，外面有铁犁，都可以用来私铸铁钱，犯法的必然更多；第四，闽国人就是因为大量铸造了新钱而导致国内纷乱，从而亡国，不可重蹈覆辙；第五，新钱多了，国家用起来看着丰盛，其实是空的；第六，臣子没有功业也能得到君主的赏钱，这样一来，他们就会老是想得好处，多多拿钱，导致贪得无厌；第七，要是铸出新币后，出了问题再想修补，修补起来可就困难了；第八，这"钱"字可是吴越国的国姓，旧钱换新钱，是不是说国家也要更换姓氏了，恐怕不太吉利呀。

钱弘佐听了弟弟钱弘亿的肺腑之言，认为他说得很对，好好表扬了他，就把铸造新钱的这个念头给打消了。

这位钱氏子弟钱弘亿，看来是位很有经济头脑的人，十分懂得钱币稳定的重要性，据理力劝哥哥，从而打消了哥哥的念头，也就消除了吴越国可能因为铸造新钱而引发的危机和动乱。

直到忠懿王钱弘俶时期，也就是吴越国的后期，国内还是铸造过钱币，只是没有铸吴越国独有的钱币，而是仿造了唐制的旧钱。这些仿钱有铜铸的，也有铅质的，始终没有用铁来铸钱。也就是在仿币的铸造上是投入了成本的，没有选用成本廉价的铁来作为铸钱的材料。这就使得吴越国始终没有发生铁钱泛滥，与民夺利的危害。

吴越国坚持使用旧制钱币，保证了货币政策的稳定与贸易的通畅，从而促进了国家经济的持续发展。

第四节　见识一下千古贤王的风范

后梁开平元年（907），唐朝灭亡，朱温称帝，建立梁朝（后梁），封钱镠为吴越王，成立吴越国。当下，吴越国便改府署为朝廷，设置丞相、侍郎等百官，一切礼制皆按照帝王的规格。

随着吴越国力一步步强盛，国家的战事也就相对减少了。这时候，吴越开国之君钱镠，历经了戎马倥偬的大半生，终于可以坐下来，好好地享受这凤凰山下，西湖之畔，清新的雨，柔软的风，以及满眼的湖光与山色。

据说钱镠虽然居住在杭州城王宫，这城中有城十分坚固，连当年武勇都都没能轻易攻下，但他还是十分警觉，时时提着一颗心。就算夜晚睡觉，也从来不会大梦沉酣，以警醒来要求自己。为此，民间有传闻，说钱镠是条"不睡龙"，好像钱镠是不需要睡觉的。

其实呢，史书上是这样记载的，说是钱镠在军中从年轻时候开始，就总是不敢深睡，实在太困了睡下，就在枕头下面放一段圆木头或者大铃，睡梦中要是一动，木头或大铃就会促使他醒来。他把这木头和大铃称作"警枕"，用来提高自己的警惕。

据说与钱镠警枕有关的，还真有几个故事。

有一次，是在钱镠率兵与越州刘汉宏交锋的时候，当时半夜里，走下战场的将士们都睡了，包括哨兵也困得不行，睡过去了。钱镠呢，劳累一天，也睡下了。这时候他枕下的大铃却"丁零零"响了起来。他听到之后马上惊醒了，赶紧起身，把将士们也给叫醒。果真，是刘汉宏在半夜里来偷袭杭州军营了。敌军的人马奔跑而来，马蹄踏地，造成了地面的震动，触发了铃弦，拉响了警铃。有了这响铃的提醒，等到刘汉宏的人马到达，钱镠这边的人马早就做好了准备，只等着人家来送死。结果当然是刘汉宏偷袭不成，损兵折将，赶紧逃命。

裕后垂庥

还有一次，是钱镠陈兵在江苏华亭的时候，一天清晨，警铃又响。以为又是偷袭，连忙拉上人马打算开战。结果呢，竟然是民工打桩夯土，夯声震动了警铃，闹了一场乌龙。

不睡，不是不会熟睡，也不是不能熟睡，是要以清醒来应战与应变。这条"不睡龙"，在风声鹤唳的战争与动乱时期，强求让自己保持警醒。而这一警醒的习惯，哪怕在相对安定的时期，也被钱镠保持着。

后来，钱镠真的把他的警枕慎重地交给了继位的儿子钱元瓘，要子子孙孙们记住，不管是战争的时候，还是平静的岁月，都不能懈怠，要懂得居安思危。

半生烽烟后，再看后庭花。

转眼间，钱镠在杭州城里已经经营数十年了，金戈铁马的英雄，也到了须发苍苍的年岁。待到风和日丽的日子，钱镠最喜欢去的地方，是杭州城的城楼。爬上城墙，扶着城头，看看远方，也看看近处，然后在楼台上慢慢坐下来。

想当年，母亲水丘老夫人在时，也最喜欢上这城楼来观光晒太阳。母亲年迈，腿脚不行了，爬不上城楼了。钱镠这个做儿子的，就背起老母亲，一步一步地攀登城阶，爬上高墙。手下人说：大王啊，您的年纪也不轻了，背老夫人的事，就交给我们吧。但是钱王不同意，坚持自己背母上城楼。从而，给杭州城留下了"钱王背母"的孝亲故事。

母亲已经仙逝归故土，钱镠也已经到了当年母亲那样，腿脚不太灵便的年岁。只是钱王他，还是喜欢登楼，只有登上这城楼，才觉得心中安宁。

在这城墙上，朝东眺望，奔腾的钱塘江就在眼底。看这钱塘江，当年是桀骜不驯的恶龙，如今已经被锁了龙身，牵住了龙鼻子，每年每季温顺乖巧地给两岸的田地送水浇灌，从而造福周边，造福杭州城，造福吴越国。往西眺去，那里是西湖，湖光潋滟，金光银波，楼亭轻巧，树影如烟，是最美的人间景致。朝西边尽眺，眺向烟云苍茫的远山，那里是临安。临安啊，是钱王的故土家乡，有祖先的脉山，有父母的坟茔，还有少年钱王在山野追逐时轻捷的脚步和矫健的身影。

似水流年，梦中依稀。

在杭州城头漫思的钱王，一定会细细回顾自己的前番往事，有些事情，可以说是耿耿于怀，无法忘却的。比如，他当年怠慢了贯休。又比如，吴仁璧事件。

先说说贯休，俗姓姜，字德隐，婺州兰溪人，唐末五代前蜀著名的画僧、诗僧。据说贯休多才多艺，却又是很有气节的一个人，爱憎分明，爱护百姓，著有《酷吏词》痛责鱼肉百姓的贪官污吏。这位正直又孤傲的诗僧，倒是另眼看待钱镠。在杭州居灵隐寺时，给钱镠写了一首诗，让人送去王府，诗名为《献钱尚父》：

> 贵逼人来不自由，龙骧凤翥势难收。
> 满堂花醉三千客，一剑霜寒十四州。
> 鼓角揭天嘉气冷，风涛动地海山秋。
> 东南永作金天柱，谁羡当时万户侯。

这首诗的大意是，一个人尊贵起来连他自己都做不了主，龙飞凤舞气象万千，满堂是花是酒是挤挤挨挨的客友,一剑收纳了十四个州域,鼓声号角里天气转凉了,风刮浪涌间钱塘已是秋天,在这成熟与收获的时期,希望东南以及杭州城,永远是一根坚实的柱子,撑起一方富强的天空,让家家户户都过上好日子,再没有谁去羡慕什么食邑万户的富贵家族。

看看这诗句,这位铮铮傲骨的贯休大师,对钱镠还是相当崇敬的,称赞他有龙凤的气势,还希望他擎起金天柱,名上凌烟阁。钱镠呢,也是懂诗懂文的,当然认可这篇诗文是佳作。但是呢,他当时正在踌躇满志、雄心勃勃的时候,怎么只是"一剑霜寒十四州",也就是只能管辖十四个州。

当下,钱镠让人把诗稿退还给贯休,要贯休把十四州改为四十州,然后再来相见。贯休呢,这位傲骨诗僧,他心中是敬重英豪的,但绝不会惧怕权势,因为有权力的人一声令下就低头,就改诗。于是,他再留下几句诗:"不羡荣华不惧威,添州改字总难依。闲云野鹤无常住,何处江天不可飞。"之后便离开了杭州,浮云飘萍,不拘一格,走了。

而钱镠随着年岁渐长,心境逐渐宽厚,在为人处世上,也就慎重了起来。回想往事,觉得贯休的诗不仅是好诗,说的话也是好话。想要见见高明的诗僧,一打听,高人已经走了,不知道去了哪里,从此没有了音讯和踪迹。这件事,也便遗留在了钱镠的心头,成为一桩无法弥补的憾事。

吴仁璧呢,他是杭州本地人,唐朝大顺二年(891)的进士,做过唐朝的官。唐朝灭亡后,他就没有再做官,闲居在家乡。

据说这位吴进士很有才华，他写的文章不敢说冠中国，但在当时肯定是冠杭城。可是这个人却很有个性，平时放浪形骸，不拘形象，最让人不能理解的是，他动不动上街乞讨。做个要饭的，还觉得很开心，不管别人怎么说。吴进士要饭就要饭吧，他还动不动骂人，骂官府骂官员，可以说是针砭时弊，口无遮拦。

钱镠刚入主杭州时，听闻了吴仁璧的文名，希望他吴进士能出山辅佐，让他主持修撰《罗城记》，也就是给杭州城修筑罗城撰写纪要。但是他吴仁璧没有接受，拒绝了。后来钱镠祭母，需要写篇高端的祭文，再有求于吴仁璧。不想，又被吴仁璧给拒绝了。拒绝也就拒绝了，钱镠虽然不开心，但也没有为难人家。只是后来吴仁璧还写了首诗，诗中有这么一个句子，"一条江水槛前流"。这"槛前流"的谐音，不就是"砍钱镠"吗？钱镠一听，马上大怒，这个不知好歹的人，不听话也算了，还竟敢做出这么恶毒的诗句来骂人。当下，钱镠下令，把吴仁璧抓起来，活活投进了钱塘江。

对于吴仁璧这件事，钱镠后来深思之后，也是挺后悔的。自己乃一国之君，应当胸怀天下，心怀万民，不应该因为文化人的一句话，就轻易杀人。这么做，不说寒了天下读书人的心，连自己都觉得自己过于凶残，从而内心长久不安。虽然钱镠后来给吴仁璧造了寺庙，将他的灵位供奉在庙中，让人烧香膜拜，也算是悔过，但这么做，到底抵不过一怒之下所犯的错误。

钱镠在暮年里，细细思量着自己曾经的成败功过，有畅快的记忆，一定也有避不开的伤感。那就先不想了，吐口气，看看前面的西湖美景吧。

看眼前的湖面上，已经波光渐开，柳笼绿烟。看来，杭州的春天，已经在不知不觉中到来了。这时候，不由思念起离开杭州，去临安省亲还没回来的老妻。

钱镠的发妻，也就是临安的娘娘。

据说钱镠娶了两位妻子，一位是应父母之命、媒妁之言而娶的，另一位是他自己选择的。一位与钱镠成婚后生儿育女，另一位并没有生育。但是钱镠没有因为这位娘娘没有生育而冷落她，对两位妻子，他从来没有厚此薄彼。

娘娘有个习惯，每年冬至时节，就回临安娘家省亲，待来年春暖花开，再回杭州城，回到夫君的身边。

不知道多时未见的老妻，一日三餐的饮食是不是照常，不知道睡得怎么样，是不是还经常半夜醒来再难以合眼，一条老寒腿是不是在深冬里又酸疼了？都说儿女不过床前客，知冷知热老夫妻啊。老妻呀，你去时，那是雨雪霏霏，如今眼前，已然杨柳依依。你也该，回来了吧？

钱镠马上叫人取来纸笔，写了封家书，让人快马送往临安郎碧。

娘娘接到来信，打开来看，只见素笺上写着：

陌上花开，可缓缓归矣……

想象当时，以贤良端淑的名声留传后世的娘娘，接到夫君的来信，面对溢出字里行间的深情，是不是会百转回肠，庆幸自己此生得托斯人，甚至忍不住老泪奔涌？

后人苏轼，也就是北宋大文豪苏东坡先生，有《陌上花》："陌上花开蝴蝶飞，江山犹是昔人非。遗民几度垂垂老，游女长歌缓缓归。"

诗句的大意是，陌上花开了蝴蝶飞舞，江山还是这片江山，人却已经不是曾经的人。吴越国的遗民已然老去了，又有年轻的姑娘们在唱歌漫步。

在这人世间，上至帝王堂，下至百姓家，留下了许多夫妻情重、白首同濡的故事。这些好故事被人口口相传，代代歌颂，让人崇敬，也让后人效仿，影响巨大。

所以苏东坡还说，钱镠写下的这"缓缓"二字，真是艳绝千古。

第五章

贤君与能臣，打造了吴越国近百年的富强

第一节　火烧杭州城，钱元瓘痛心而逝

吴越宝正七年（932），钱镠薨逝，享年八十一岁，谥武肃。吴越国的王位，传给了他的儿子钱元瓘。

杭州城里的吴越国王宫，也就迎来了第二位主人——文穆王钱元瓘。

这位钱元瓘，是钱镠的第七子，关于他的才能功绩，在前面章节里已经提到过了。当年武勇都作乱，拉拢田頵一同围攻杭州城，后来在杨行密的干涉下，田頵答应退兵，但要求吴越国拿出钱和人质来交换。当时，就是他钱元瓘挺身而出，请缨赴虎巢狼穴为人质，从而为国为家解除了危机。

钱镠的子嗣众多，说是三十八位，也有说是三十五位，其中不乏既有智勇又有才干的。如第五子钱元懿出任过睦州刺史，理政有方，受到一方臣民的拥戴。第六子钱元璙，既有胆识，又有俊朗的外貌，做了吴国国王杨行密的乘龙快婿，得以借助吴国的势力，救助了自己的国家，也是功劳不小。

文穆王像

钱元瓘像

　　而第七子钱元瓘，之所以能在众多兄弟中脱颖而出，除了像兄长钱元璙一样，当年在面临城破国亡的危急时刻，主动请缨为人质，舍生忘死，为国家立下巨功之外，更主要的是他优良的品德以及更显赫的战功。

　　前文已经说了，天复二年（902），武勇都发难，淮南军趁火打劫，而当年的钱元瓘，年方十六岁，还是位少年儿郎。国家危急的时候，是钱元瓘主动站出来，要求赴难。

　　钱元瓘被田頵从杭州带到了宣州，也就是现在的安徽宣城。这田頵，他才不想让钱元瓘做他的女婿，他明白自己与钱镠结下了趁火打劫、围城攻城的梁子，越国君臣是不会轻易放过他的，迟早会找他算账。他把钱元瓘带来，就是为了有个人质。手上有了钱镠儿子这么个筹码，以后遇到事情好与越国讨价还价，多多争取点利益。利用完之后，当然是一刀结束掉人家的小命。

而钱元瓘能够顺利做成田頵的女婿，可能是他与他的兄长钱元璙一样，品貌出众，人又机智聪明。不过据史书记载，其中最主要的原因是，田老夫人，也就是田頵的母亲，这位了不起的女性，她一眼识出了钱元瓘眉眼间的英豪之气，认为这个孩子将来必成大器，从而敲定了孩子们的婚事。

钱元瓘成了田家女婿之后，照理说也算是一家人了，能够得到田家的照顾了。事情却并不是这样，这位做了人家老丈人的田頵，竟然还是一次次想要杀钱元瓘，干掉自己的女婿。危难之时，都是田老夫人想方设法替钱元瓘遮着挡着，帮衬着，从而让他一次次逢凶化吉，逃出命来。

被气得不行的田老夫人，骂自己的儿子田頵说：你这个成不了大器的鼠辈，怎么能与我的孙婿比呀，他才是能成大器的人，是人中的龙凤！

最后一次，田頵又要出兵打仗，出征前发了个毒誓，说这回的仗要是打败了，回来之后必须干掉钱元瓘。

只是呢，吉人自有天相，区区鼠辈田頵，怎么奈何得了人中龙凤的钱元瓘？田頵这一去，战死了，再也回不来了。

田頵死后，还有他的部下，他部下认为钱元瓘是他们的灾星，也想把他杀掉。但是呢，祖母田老夫人早就安排好了，她让钱元瓘带上他的妻子，然后放他们出城，让他们回杭州去了。从而，钱元瓘结束了身为人质，如履薄冰的日子，带着妻子顺利逃出了魔窟，重新回到了故国家乡。

之后，钱元瓘担任过盐铁发运巡官、尚书金部郎中、检校尚书左仆射、内牙将指挥使等职务。在这些职位上，钱元瓘尽心尽职，成为越国官僚的表率。又一次次带兵出征，打了多次胜仗，为国为家立下了赫赫战功。

钱元瓘指挥的最有名的战事，是与淮南吴国的海上交战。后梁贞明四年（918），钱元瓘与吴国，各各派出战船，来了一次水上交锋。

要知道淮南地界，有长江、淮河，水面宽广，吴国的水军训练有素，具有很强的水上战斗力。而且吴国造船的技术很高，造出的战船高大坚固。吴越国的兵力与战船也不错，但与吴国比较，还是落在下风。所以，若吴越军与吴军硬拼，胜负难说。为此，钱元瓘明白一定要想办法智取。脑子里灵光一闪，计上心头。

钱元瓘让吴越国战船先占据有利的位置，待吴国战船靠近，马上下令，命所有竹筏上的士兵，把沾了火油，也就是石油的火把点上。这火把，不是为了照亮，而是挥扬。不停地挥舞，火把上的火燃烧得不充分，也就腾腾冒出浓烟。这烟是顺风飘的，吴越兵占据了风口，浓烟从风口飘下。霎时间，只见江面一片浓烟笼罩。蓦然不提防，吴军被烟雾包裹了。这时候，吴越军用火箭筒，射出沾满石油的火把。石油烧起来连水都不怕，遇到水，火烧得更烈，烟雾更浓。这样一来，吴国的船只被焚烧，将士们全都包裹在一片火海之中。要想活命，只有弃船跳江。但就算逃离了火海，也有吴越兵将等着收拾。

钱元瓘在这场对吴国的作战中，大获全胜，并且使得吴国君臣再也不敢在吴越国君臣面前耀武扬威，而是主动讲和。

石安棋局巖下分香進酒杯蘭葉露光秋月上
蘆花風起夜潮來雲山繞屋猶言淺欲棹漁舟

近釣臺見丁卯集

隱君芳躅苦難稽詩憶當年丁卯題膡有青山環屋北
空留白水繞齋西千杯酒盡紅泥冷一局棋殘翠石迷
靜聽漁歌歸晚棹溪邊話舊杖頻攜

吳越將臺懷錢文穆王

王諱元瓘字明寶武肅第七子承武肅之業晉
天福中封吳越國王諡文穆著有錦樓集西溪
大蘇林為吳越將臺故址有鐘乳泉在焉

吳越将台怀钱文穆王

　　当然，说到钱镠众多儿子的人品与战功，能够与钱元瓘比肩的，还有一位钱元璙。当年做人质换平安，也是钱元璙先行一步，去了吴国，攀上了杨行密这棵大树，才使得吴越国转危为安。而钱元璙与钱元瓘比较，还有一点他身世上的优势。在古代，很重视一个人的出身，就算都是父亲名下的孩子，还有嫡庶之分。恰恰钱元璙是吴氏娘娘生育的，是嫡子。而钱元瓘是钱镠后来的妃所生，算是庶子。但钱元璙并没有因为自己的功绩以及身世，与兄弟钱元瓘争夺王位。他明智又豁达，除了对兄弟礼让，还在父亲面前美言，力推钱元瓘为尊。

　　当然钱元瓘能够胜出，成为吴越国第二代君王，其中还有个重要原因是，他为人十分谦逊贤达，从而得到了钱镠、众兄弟以及大臣们的认可。

　　在《吴越备史》中就记载了这样的一个故事，说是钱镠在生病卧床的一天里，不知道是为了交给儿子一些好东西，还是为了试探孩子，让人拿出了五根玉带，这些玉带有大有小，钱镠便让送给儿子们，还让钱元瓘先挑选。钱元瓘先挑了，但他只是拿了根最小的。手下把这个情况告诉钱镠之后，钱镠听了很高兴，就对着钱元瓘说，我有了你，死了也瞑目了。

　　看来，钱元瓘的心胸行为，与让梨的孔融是一样的，谦和又大度，先人后己。这样的品行，做父母的看在眼里，当然是放心宽慰的。

　　吴越王钱镠不仅治国有方，理家也有方，从而让钱家兄弟懂得仁厚相亲，手足情深。吴越王室在王位传承这件事上，没有发生玄武门之变这样的事情，而是平稳地将权力进行了交接。

但或许，文穆王钱元瓘异常谦和谨慎的性格，在他的执政生涯和生命里埋下了地雷。比如说，一个人过于追求完美，万事小心，尽忠守业，往往会更多地替人家着想，对自己的要求过于严苛。虽然这样为人处世让人称赞，但是自己如果遇到重大打击，很可能就接受不了，无法振作，甚至断送性命。

钱元瓘从父亲手中接过守护吴越国，守护杭州城的责任，他是十分努力的。遵循父亲钱镠制定的国策，继续保境安民，外求联合，励精图治，并始终向中原朝廷纳贡称臣，低调地保求吴越国的和平与安宁。

钱元瓘在位期间，在杭州城内修建了不少建筑，如后晋天福二年（937），在石笋峰下建晋圆院等。又在城坚楼固的基础上，对杭州城加强了整治，进一步美化了杭州。

钱元瓘还平定了兄弟钱元球和钱元珣的叛乱，使得吴越国没有发生内乱。

钱元球是钱镠的第九个儿子，当年钱镠传位钱元瓘时，他还小，只有十五岁。后来随着年纪渐长，阅历增加，他认为自己文武兼备，具有文韬武略，不应该只守着一个州郡，应该主持吴越国的大局。并且认为由自己来干兴国利邦的大事，一定比哥哥钱元瓘干得出色。钱元球开始野心勃勃，暗暗策划，想要得到吴越国王的宝座。

有人把钱元球打算图谋不轨的消息告诉了钱元瓘。但是钱元瓘并没有当回事，没有立即采取行动。因为父亲钱镠曾教诲，兄弟应当亲和，不应手足相残，所以钱元瓘身为国王，一直宽待自己的兄弟。

但是钱元球没有因为兄长的仁厚而收敛，竟然勾结另外一个有实力的兄弟钱元珣，想要杀兄起事。手下又把钱元球拉拢钱元珣的事告诉了钱元瓘。钱元瓘还是不相信，认为自己钱家的家风很好，不会有心思阴暗歹毒的兄弟。但是后来，手下又把钱元球封在蜡丸里要人交给钱元珣的书信，交到了钱元瓘的手上。钱元瓘看后，才不得不相信。

于是，钱元瓘把两位起谋反心思的弟弟，召到后宫来。说是王宫举办庆宴，要他们赴宴。就在宴席上，王宫护卫在钱元球与钱元珣的身上搜出了刀子。那么肯定是，一声令下，准备在那里的将领一拥而上，把想要谋反的人给当场拿下了。

钱元瓘设下"鸿门宴"，来宴请有反心的兄弟，而这俩兄弟竟然藏刀赴宴，那么被抓被杀也是理所当然了。只是，钱元球、钱元珣到底有没有傻乎乎地带刀进宫，又有谁知道呢？

钱元球、钱元珣俩兄弟争王之乱，被钱元瓘不动声色地掐灭了。一时间看起来，吴越国的国外没什么大事，国内也平安，国王钱元瓘可以在父亲钱镠交付的基业上，继续安耽地经营下去。但是，免除了人祸，却来了天灾。

一场巨大的灾难，悄然降临杭州城。

这是天福六年（941）的七月，夏末秋初，天干物燥，凤凰山吴越国的王宫中，起火了。起了一场大火，起先是宫内的丽春院起火，后来竟然漫出宫室王城，扑向整个杭州城。

众所周知，我国古代建筑以木结构为主，木柱子，

馬氏即潭帥王殷之女也先是蓄馬氏亦聘馬氏既卒
遂求其弟是行也潭帥希範亦遣中軍伐歐陽練與廣
使俱至馬氏誓不許故不克遣
六月寧國軍節度使同奉相府事仰詮平秋七月甲戌震
春院火延于內城王遷居瑤臺院是月閣王曦稱大閩皇
帝八月辛亥王薨于瑤臺院之綵雲樓年五十五在位十
年贈謚曰文穆勑宰相和凝撰神道碑七年壬寅二月癸
卯葬于國城龍山之南原
王志量恢廓識度宏遠雖少嬰軍旅九尚儒學事武肅
孝敬小心未嘗有懈武肅性既嚴急每一召即時須至

《吳越備史》書影

木大梁，木桁条，连门和窗户全是木头制作的。木头最怕什么，当然是火。作为房屋材料的木头，十分干燥，有易燃的特性，要是被火烧着，那一定是干柴烈火。可以想象，烈焰腾腾，遍地席卷，火舌卷到的地方，那是一片火海。在没有有力灭火工具的古代，只能眼睁睁地看着眼前的一切被大火吞噬，化为灰烬。

我国古代大火焚城的事件真不少，比如西晋元康五年（295），洛阳武库失火。据史书上记载，那是大火熏天，夜如白昼，浓烟密布，熔铁铺地。也就是把铁器都焚烧熔化了，铁水淌满了地面。又比如《洛阳伽蓝记》中记载，永熙三年（534），北魏永宁寺被雷击后失火，当时是风助火势，十分骇人。有僧人提水进塔，试图灭火，全部罹难。羽林军千人救援灭火，也是杯水车薪，无济于事。人们眼睁睁看着被大火焚烧着的庙宇房屋，放声大哭，哭声震天。

而天福六年（941）的杭州大火，《吴越备史》上是这样记载的：秋七月甲戌，丽春院火，延于内城，王迁居瑶台院。

从这文字看，寥寥数字，似乎只是弱小的一把火，从丽春院开始，延开到内城。而国王钱元瓘，也就从丽春院迁移到瑶台院居住了。

但这场大火的实际情况，很可能并不是如此这般无足轻重。据野史描述，当时杭州的大火，可以说是史上罕见的，整个吴越国王宫几乎被付之一炬，而且"宫室府库几尽"，也就是说，王室家国的库存，金银珠宝，几乎没有剩余。

火光冲天，大火弥漫，整座杭州城，都处在了烈焰滔天之中。多少城民百姓的居所，多少人多少年的血汗，都在一片大火的吞噬中，化为了灰烬。

这场大火，不仅重创了吴越国，重创了杭州城，而且给钱元瓘造成了致命的打击。一来，钱元瓘身在火光中，受到了巨大的惊吓。要知道弥天火光，浓烟冲天，谁看见都会心惊胆战。二来他是自责，这国都与王宫，都是父亲九死一生创下的基业，交到儿子的手里，儿子当然要以性命来看护。可是，自己看好了吗?

要知道，钱元瓘从小到大，对父亲钱镠是非常敬重与孝顺的，"事武肃孝敬小心，未尝有懈"，遵从父亲武肃王孝顺敬重又小心，没有一时懈怠，就这么一位听话的儿子，父王的遗言，音犹在耳，父亲的基业，赫然在目，自己却如此大意，不仅没有看护好王城，使其被大火烧掉了，还伤到了王城之外的城池，伤到了城中的百姓，看着，怎么不叫人无比地心痛与愧疚。

也因此，钱元瓘的身心接受不了这么巨大的打击，一下子病倒了，而且得的是狂疾，也就是突然而至，非常沉重的病。

杭州城大火被灭后才过了一个月，钱元瓘，这位也曾久经沙场，为家国奔命一生的钱家男儿，吴越国第二代君主，在向大臣和儿子们交待完后事之后，便撒手人寰了。

在父亲钱镠之后，二代君主钱元瓘守国守城，坚持了十年。钱元瓘的十年，应该是吴越国相对安稳的十年。

根据宋代范成大的《吴郡记》记载，钱元瓘性情平和，用度节俭，为政清廉，在他的治理下，吴越国进一步富裕起来，繁华起来了。

钱元瓘薨逝后，被谥为文穆王，享年五十五岁，葬在杭州的龙山。

第二节　钱弘佐，早逝的少年英主

第二代国王钱元瓘暴亡之后，国中皮光业、曹仲达、林鼎这三位举足轻重的贤相重臣，也相继去世了。原本看似风平浪静的吴越国，一下子成了波涛中的一叶小舟，异样地颠簸起来。

而钱元瓘的后继者，他的儿子，吴越国第三代君王钱弘佐，才十四岁。

十四岁，小小少年，原本应该在亲人荫蔽下，埋头读书，不问窗外事。然而，钱弘佐只能接受命运的风云突变，坐上了吴越国的最高座椅。从懵懂的少年儿郎，一跃就成了受万众膜拜与依赖的一国之主。

吴越国虽然在钱镠、钱元瓘父子的努力下，夯实了一片江南锦绣河山，但要交付在一个十四岁孩子的手里，前景也变得扑朔迷离。

而杭州城，这座经过两代君主经营，虽然刚刚经历大火重创，却依然家底厚实、容颜不凡的都城，又将迎来怎样的明天？

在吴越国王府，没有隋唐帝王身边的那种宦官，也就是太监，那又是哪些人在护卫王宫？吴越王府有个近卫部队，叫内牙军。内牙军不仅护卫王宫的安全，而且其中的将领还参与王府甚至家国的大小事务，权力很大。

钱弘佐像

而在钱元瓘与钱弘佐的权力交接中，因为事情仓促，加上新主年少，重臣又相继亡故，导致了王室的权力没有一个重量级的人物来掌控，也就难免旁落。王府内牙军最接近权力中心，将领们见机便一个个行动起来，争权夺利，成了实际的王权掌控人。

而这些控权的内牙军将领又不是一个人，而是多人，比如有戴恽、章德安、李文庆，还有阚璠等。这些人，本该为家国命运着想，抱成一团，共扶幼主，共渡难关，但他们偏偏不是这么想的，也不是这么干的。他们为着各自的利益，打着各自心中的小算盘，你排挤我，我排挤你，开展了一场好不热闹的窝里斗。

其中，戴恽还想不遵先王钱元瓘的遗命，打算把钱弘佐废掉，立钱弘侑为国王。钱弘侑是钱元瓘的继子，因为当年钱元瓘的妃嫔都没有生育，怕没有后人，就过继了钱弘侑，并立他为王储。但是后来钱元瓘有了多个亲生儿子，当然改立了亲生儿子为王储。钱元瓘死后，王位自然也由亲生儿子钱弘佐来继承。戴恽因为国王钱弘佐不听他的话，这时候就把钱弘侑拉出来，说他钱弘侑才是王储，吴越国的王位应该归钱弘侑。

就在戴恽想废君再立的时候，章德安站出来，坚持拥立钱弘佐，抵制戴恽。不久，章德安想小法把戴恽骗进王府，将他抓起来处决了。除了戴恽之后，又有个叫阚璠的跳出来作乱。这个阚璠更厉害，他把对手章德安、李文庆等人都杀害剪除了，从此在内牙军中一人独大，什么事情都由他一个人说了算。

阚璠一人独大，一手遮天，照这样下去，只怕他还会进一步作乱，甚至动摇吴越国的政权。

吴越国王钱弘佐虽然年幼，却是位有头脑也有个性的少年。他不服阚璠的压制，随着自己的成长，要把王朝的权力与命运掌握起来。阚璠见钱弘佐不听自己的话，也就拿出像戴恽一样的手段，想要废了他，换一个听话上来，也就是找个傀儡来坐王座。

少年君主钱弘佐，在关键时候显示出了他远远超过同龄人的心智。他悄悄拉拢内牙军中一名叫程昭悦的新晋指挥官，然后让程昭悦去外面找到军队，拉拢军中一位有威望的宿将胡进思。结果，钱弘佐与胡进思很快有了联系，内应外合，结成了同盟。

胡进思也是位有谋略的老臣，他和钱弘佐一臣一君，互相配合，要同阚璠唱一出好戏。而有了胡进思的暗中帮衬，钱弘佐就要开始清理阚璠的大行动了。

钱弘佐下旨，让阚璠担任明州刺史，同时让胡进思担任湖州刺史。

阚璠一听，自己要是去了明州，那不是离开了自己的势力范围，所以不肯走。这时候胡进思就说，你去主持的明州，可比我的湖州大多了，我都没怨言，你又有什么好说的。阚璠一想也是，他胡进思也外放了，杭州城里根本没有撑得住局面的大人物，就算自己在外面，这朝廷中的人和事还不是受他遥控？所以，他就爽快地答应下来并且去明州赴任了。等到阚璠离开了杭州，钱弘佐马上再下一道旨，说朝廷有要紧的事要办，把胡进思给留了下来。

钱弘佐区区一计，就把心腹大患踢出了都城，使得自身以及朝廷王宫都脱离了阚璠的有效掌握。之后，钱弘佐再不手软，很快捕杀了阚璠与他的同党，为国为家清理了祸患。

这一年，钱弘佐才十八岁。

清理内贼之后，少年英主钱弘佐没有懈怠。他没有在花开四时好、暖风吹人醉的凤凰山间，西子湖畔，从此独踞高座，安居乐业，而是很快筹谋起新的行动。这次的行动，是大事，要派兵出国，向邻邦闽国发兵动武。

闽国作为吴越国的邻邦，两国一直友好相处。两国之间，还曾经缔约，承诺相互不干涉对方内政。钱弘佐对闽用兵，好像说不过去。况且先王钱镠留有祖训，保境安民，不事扩张。国内刚刚安宁，就要对外用兵，年轻人是不是太鲁莽了？其实这里是有原因的，吴越国不是攻打闽国，相反是帮助闽国。

闽国因为国内管理不力，造成了混乱，也使得国力薄弱。这样，就受到了外敌的觊觎与略侵。这入侵者，是江南地区的南唐。

南唐是五代十国之一，开创君主叫李昪。对于南唐开国君李昪，许多人或许不清楚，但末代君王李煜一定被后人熟知。当然李煜被人记得，不是他治国理政的功绩，而应该是那阕无比凄美的词作《虞美人》，"小楼昨夜又东风，故国不堪回首月明中"。

再说这李氏南唐，建国之后，并不像吴越国这样求保境求安民，而是到处用兵，一心想扩大国家的版图，张扬自己的势力。

后晋开运二年（945），南唐出兵闽国，很快攻到了福州城。而闽国，眼看要灭亡于南唐强大的兵力之下了。

钱弘佐获得消息之后，果断决定，出兵闽国，救助邻邦。

对于钱弘佐的出兵闽国，吴越国内的声音是不一致的，有支持的，但更多的大臣是反对的，说从吴越国去闽国山高水远，吴越兵一路跋涉过去，还要与南唐军对决，到时候能自保就不错了，怎么还有能力抗敌？

关键时候，钱弘佐显示出他的英明与果决了，他向朝中众臣阐明出兵救闽的道理。

他说：你们难道不知道有句话叫唇亡齿寒吗？我是中原朝廷敕封的天下兵马大元帅，看着邻里国家陷入水深火热之中，却袖手旁观，而不是及时出手相救，那我这个大元帅还有什么用？难道你们这些将士，就是吃饱了在家坐着，就知道吃喝玩乐逍遥自在吗？

吴越国出兵，不是为了扩张，而是与南唐交锋，可以说是救闽。当然救闽国更是为了救自己，救吴越国。因为南唐灭了闽国之后，如果兵力进一步强大，当然会向吴越国进军，吞并吴越国。

在钱弘佐的坚持下，吴越国起兵赴闽。

开运三年（946），吴越国先派出一支三万人的队伍，由统军使张筠率领，向福州挺进。这支队伍到达闽国后，和闽国的剩余队伍一起，并肩作战。第二年的年初，又派出了增援部队。这次增援派出的是水军，乘船从杭州湾起航，到福州登陆。

而后来这一次出兵，吴越国军队遇到了很大的风险，在还没有登陆闽国时，就差一点全军覆没。

这是因为南唐军得到军报，掌握了军情，在吴越国的兵将还没有到达之前，已经在港口早早地部署了兵力，只等着船队到了之后，一网打尽。

眼看吴越国的大船开过来了，大风鼓动着船帆，从北向南，浩荡地过来。

要是南唐部队，也用吴越部队先前用过的方法，朝船上发出火箭，也就是带火的箭羽，那么船上人很可能十有九死。但是呢，他南唐的将领没有这么干。这很可能是吴越国有来自大食国的火油，而南唐未必有，或者是别的原因。反正，南唐这位叫冯延鲁的将领，他运用的计策是，先让吴越国兵将上岸，再围住歼灭。

接下来发生的事情，可不是照冯延鲁设想的进行的。吴越国兵将上了岸，以拼死的决心，勇往直前，锐不可当，从而把冯延鲁的部队杀得步步后退。这时候，早先到达的部队，也赶到了，一前一后，给南唐队伍来了个双面夹击。接下去的结果肯定是明了了，南唐军一败涂地。

之后，吴越军与南唐军之间，还进行了两次福州之战，都是吴越军取得了胜利。这样一来，吴越军就取得了对福州的控制权，而南唐军只好退回本国了。

少年英主钱弘佐，有勇有谋，有胆有识，一定能和他的祖父和父亲一样，坐镇王城，护卫吴越国，护卫国都杭州城，护卫吴越土地上的黎民百姓。然而，万万没有想到的是，这位杰出的少年君主，就在打完福州胜仗不久后，竟然英年而逝了。

开运四年（947）六月，吴越国第三位君主，英明神武的少年国君钱弘佐，溘然而逝。他的生命，就像历史天空中划过的流星，非常璀璨，但过于匆促。钱弘佐英年而逝，他的年龄，定格在了二十岁。

一位风华正茂的少年儿郎，只活到二十岁，却已经做到，对内，平定家国动乱，对外，抗击强国，取得重大胜利。真真是贤君啊。可是天妒英才，一位智慧又能干的年轻人早早伤逝了，这是多么令人痛惜啊。

真是，钱塘江水哀吼，西子满湖是泪。
这是，吴越国的国殇，杭州城的城殇。

遗恨千古。

第三节　钱弘倧，被动逊位的君王

钱江涛声依旧，杭州几度风云。作为吴越国都的杭州王城内，又一位新王戴冠加冕，坐上了代表国家至高权力的宝座，他叫钱弘倧。

钱弘倧是文穆王钱元瓘的第七个儿子，少年英王钱弘佐的弟弟。因为钱弘佐英年早逝，没有留下可以继位的子嗣，吴越国王位的后继者，就成了他同父同母的亲弟弟钱弘倧。

只是，钱弘倧执政的时间比较短，从开运四年（947）六月登基到十二月逊位，只有半年时间。

钱弘倧为什么早早退位，没能像兄长钱弘佐一样，少年有为，坐稳江山，干出一番漂亮的事业，其中的原因，可能是钱弘倧缺乏兄长的能力与心机吧。

钱弘倧掌握政权的时间之所以短暂，除了他自身的原因，还与当时朝中一位重臣有着直接的关系。这位重臣，就是前文说过的胡进思。

胡进思在文穆王钱元瓘时就是重将功臣，又在忠献王钱弘佐朝中立下护国保全社稷的大功。到了忠逊王钱弘倧这里，胡进思凭借自己对朝廷的功劳，可能出现了倚老卖老的姿态。而钱弘倧呢，到底是从小被娇生惯养的公子哥，十分任性，而且城府又不深，不懂得掩饰内心，看谁高兴或不高兴，当场就表现出来。其中，就包括胡进思。而且钱弘倧还真的不太喜欢胡进思，不仅不听胡进思的话，还与他对着干，让胡进思一次次在别的大臣面前丢脸。

据说有一回，钱弘倧在碧波亭阅兵后要大赏将士，胡进思就进言说，他们又没立下什么大功，怎么能轻易地赏赐呢，朝廷可不能开这样的先例。钱弘倧听后，就

忠逊王像

钱弘倧像

把手里的笔一扔，说：是把国家的东西给将士们，又不是我想私吞，你管这么多干吗？见君王发怒成这样，胡进思也是十分害怕。

还有一回，遇上有人打杀牛的官司，钱弘倧就问胡进思，一头牛杀后可以卖多少肉。要知道，胡进思在没有从军之前，就是个杀猪杀牛的屠夫。杀一头牛能卖多少肉，他当然是清楚的。钱弘倧向他请教这么个问题，也算是问对人了。但是他与钱弘倧君臣之间，早已结下了芥蒂，因此就认为钱弘倧是取笑他以前做屠夫的事。骂人不揭短，打人不打脸。何况挨打的，还是为三朝奔命的军国重臣的老脸？

胡进思对这个不明事理的新君钱弘倧，也就不再像当年对待先君钱元瓘、钱弘佐那样，一心为朝廷君王效忠。

钱弘倧新君刚立，能力又有限，偏偏一次次向朝中

125

分量最重的大臣甩脸发飙，那么他屁股下的王座，也就颠簸摇晃，难以坐稳了。

后来钱弘倧与胡进思的关系更加僵硬，钱弘倧想要除掉胡进思，但是他用人不当，下了命令之后，执行的人非但没有听他的，还赶紧告诉了胡进思。执行人一定知道，凭钱弘倧的能力，是扳不倒胡进思的，而根基深厚的胡进思，不仅可以在朝廷内外呼风唤雨，还可以左右一个王朝的命运。

在得到君主钱弘倧要处决他的消息后，胡进思先下手为强，带兵进入后宫，直接把钱弘倧给控制了。随后，胡进思对外发布，说钱弘倧突然得了重病，自行引退，把吴越国的王位传给他的弟弟钱弘俶。

钱弘倧，在吴越国三代五王中，属于第三代中的第二位国王，就这样匆促下野了。

对于如何处理钱弘倧这位废君，依胡进思的主张，当然是要去除的，也就是杀掉，免留后患。但是后继国王钱弘俶，他是钱弘佐与钱弘倧的亲弟弟，他不同意胡进思杀他的亲哥哥。他们兄弟，虽然生在王宫，要主动或被动接受这种泯灭亲情的王位之争，但他们到底是手足同胞，一起长大，有着深厚的感情。而且钱氏家教有方，要兄弟姐妹之间以亲厚相处为根本，所以吴越国王室很少发生手足相残的事情。

钱弘俶得知胡进思立他为国王之后，要杀害他的哥哥钱弘倧，马上跟胡进思提了个明确的要求，说：你想要我当国王可以，但有个条件，那就是不能伤害我的哥哥，要是你不答应，这个国王我就不当了。

钱弘俶不是口头上说说的，他的态度非常坚决。胡进思也就拿钱弘俶没办法，只好遵照他的意思，把钱弘倧送回了钱氏的老家临安，让他待在钱家祖宅里不要乱动，没有直接把他杀了。

钱弘倧被废后，当不成国王了，王座上的人成他弟弟，他倒也不觉得有什么不好。但是他的存在，到底是胡进思的心病。在钱弘俶即位后，胡进思还是请命，要求处决废王钱弘倧。钱弘俶不仅没有答应胡进思的要求，还派出人手，把自己的哥哥给保护起来。胡进思见明的不行，只好来暗的，派出杀手来到临安，潜进钱家祖宅，想悄悄地把钱弘倧干掉。但是钱弘俶早就有了提防，他派出的人把胡进思派出的刺客给杀了。胡进思心里有鬼，越来越坐不住，很快就生起了大病，没过多久就离世了。

后来钱弘倧在钱弘俶的关照下，离开临安去了越州。在越州的会稽山下，浣纱河边，吟诗写字，养花种草，做个富贵清闲人，其乐悠悠，轻松愉快地过完了他的余生。

钱弘倧四十四岁去世，就葬在了越州的会稽山。

第四节　末主钱弘俶，纳土归宋

吴越国到了忠懿王钱弘俶这里，已经是三代五王中的第五位了。之所以称三代五王，是因为武肃王钱镠是一代，文穆王钱元瓘是一代，而忠献王钱弘佐、忠逊王钱弘倧、忠懿王钱弘俶三人是兄弟，同属一代。

忠懿王钱弘俶，已经是吴越国的末代国王了。

这时候的吴越国，以及国都杭州，与当时的大小王国和其他国都比较起来，实力实在是相当雄厚的。而吴越国始终承认中原王朝为正朔，自己为下属，不与争锋，只求自保。

一年又一年，由吴越国出发，满载金银珠宝以及各种物品的贡车与船只，总是延绵不绝，由南向北行进，向中原朝廷进纳。

照理说，吴越国一来国力强盛，二来不与别的国家交锋，而且国王钱弘俶也算是年轻有为的君王，为什么就成了末代，不能继续统治下去？

先说说钱弘俶这位末代君王，应该说他与兄长钱弘佐有些相似，都是有能力有抱负，又相当有智慧的年轻人。在国策的制定上，他秉承先期的传统，保境安民，力促生产。在为人处世中，他温和谦虚，不管是对下属还是对老百姓，都以宽厚为怀，但对鱼肉百姓的官员，他是绝不手软。

钱弘俶像

他曾经下旨颁诏，对于没能交上的租赋，给予免除。吴越国境内的荒田，让百姓去耕种，种了不用交税。还募集外地民众来吴越国开垦田地种粮食，有了收获也不收取租税。

这么好的政策一出，很快使得吴越国的土地都被开垦出来，种上了稻黍，再没有抛荒的现象。而且，有的官吏说要纠正遗丁，遗丁也就是因户籍遗漏登记而没有交赋税或服徭役的壮丁，钱弘俶就命令手下在国门前，把这样不明事理的官员，狠狠地杖打了一顿。

国门前打官吏，引得全城的老百姓都赶过来观看，一面看一面拍手叫好。

除了国事处理上，在对外的军事上，钱弘俶同样很有才干。当时南唐永安军节度使查文徽想要拿下福州，听人说吴越军已经离开了，文徽就直接攻打到了城下。对此，钱弘俶并不退让，命令指挥使潘审燔，率兵迎战。

当时吴越国国力强大，兵力也强大，又有钱弘俶这样有才干的君王，在对南唐的战事上，又打了一场漂亮的胜仗。

钱弘俶主政的吴越国，不说开疆辟土，做到保疆守土，应该没有什么问题吧。那么，钱弘俶怎么就成吴越国的末主了呢？

因为就算吴越国的国内是稳定的，但是天下的形势，已经大变了。

这个变化，正是古话所说的，合久必分，分久必合。

可以糅合十国，一统天下的一股大势力，如同一朵壮丽美艳的帝王花，在广阔又深厚的中原，悄然成长，脱颖而出，日新月异，即将盛大地绽放。

这股新势力，是从一个历史上称为后周的中原王朝中，破土而出的。

后周王朝，是周太祖郭威灭后汉建立的。后周建国之初，是相当有实力的，从显德二年（955）到显德五年（958），三次南伐南唐，迫使南唐取消皇帝名号，只能自称为江南国主。郭威之后的继承人是柴荣，柴荣是郭威的内侄，也是养子。

柴荣在历史上被称为周世宗，据说他执掌政权的时候，励精图治，致力于统一大业，曾经立下了"以十年开拓天下，十年养百姓，十年致太平"这样一个雄伟的目标。历史评价他是五代十国时期，中原朝廷中的"第一英主"。

周世宗柴荣，是位雄才大略的历史人物，南征北战，为后周称霸一方，在五代十国中成为最具实力的中原王朝，打开了很好的局面。但是柴荣也是个天不假年的，还没完成他的雄伟目标，就在战场上突发疾病，不久就去世了，年仅三十九岁。

柴荣猝亡，留下了一个幼子柴宗训，登基做起了小皇帝。

紧接着，一个被世人熟知的历史桥段开演了。赵匡胤，闪亮登台。当时他身居后周朝廷要职，是当时亡君柴荣的托孤心腹人士，也是新帝柴宗训的首辅大臣。可他赵匡胤并没有像三国诸葛亮一样，"盖追先帝之殊遇，欲报之于陛下"，把先帝曾经给予他的重恩厚遇，报答给新皇，从而对新主尽心尽职，呕心沥血，书写千古老臣心。

赵匡胤或许认为在乱世扰扰之中，统领国家的政权，更需要像自己这样，有能力有胆魂的人物，而不是一个浑不知事的小孩子，便领兵到陈桥驿，发动了著名的陈桥兵变。

显德七年（960），赵匡胤黄袍加身，自立为帝，建立宋朝，定都东京开封府（今河南省开封市）。从此，一位可能比后周柴荣更加英武果敢的男人，掌握了中原王朝的命运。

赵匡胤登基之后，非常明白目前的状况，天下不太平，大小国家林立，战事此起彼伏，一切都还是在纷纷扰扰的状态中。所以，这个身体强壮，脑子清醒又精明的男人，没有因为坐上了最高权力的宝座，而贪恋酒色，纵欲无度，不知所以。他没有丝毫懈怠，更没有畏缩不前，而是举兵走上了新的征程。

他要平定南北，收拾散乱的家国，做一统天下的华夏天子。

因为有了赵匡胤这位天才的军事指挥家，宋朝很快剿灭了南平、后蜀、南汉三国，又在开宝八年（975）击败了国力较为强大的南唐。

在赵匡胤的强势运作下，从亡唐以来，华夏大地上分崩离析的割据状态，与南国北疆此起彼伏的烽火，眼看着要终结了。天下的局势，已经发生了本质的变化，各自为政的时代，可能会很快终结，一个强大统一的王朝，正在生成。

对于这一点，身处江南杭州的钱弘俶，凭他的聪灵应该早就觉察到了。他自然留恋既有的局面，是因为这地域，不仅是他可以行使主权的江山社稷，还是父祖交给他的家国基业。他多么热爱吴越国的百姓，在这里，王与民，舟与水，已经取得了很好的交融。他热爱着杭州，热爱着这座对他来说生于斯，长于斯，又守于斯的城池。

对于吴越国的君王以及钱氏后人来说，他们与杭州城，杭州城与他们，那是荣辱与共，血肉相连。

只是，眼看着宋朝像一匹来自北方的狼，朝着南方扑来，要把他钱氏三代五王近百年苦心经营的事业，连同江南这最肥沃丰腴的土地，最富有美丽的城邦，都攫取了收入囊中。

这个时候，钱弘俶并没有像南平、南唐一样，垂死也要挣扎一番。而是坚持像以往一样，承认中原朝廷为大为君，吴越国为小为臣，继续称臣膜拜，积极地向中原朝廷纳贡进献。

并且对于日渐强大的宋朝，钱弘俶越发尽心，进贡的次数与数量都大大增加。在次数上，以往一般数年一贡，或者一年一贡，自从赵匡胤称帝之后，做到一年四五贡，甚至六七贡。在数量上，那是一加再加，以绫绢为例，由原来的万匹左右，猛然增加到五万匹，甚至是十万匹以上。

而且吴越国的兵力，也从一开始就听从宋朝廷的调度，与宋朝的队伍并肩作战。人家让打哪里，就打哪里。让怎么打，就怎么打。被人这样指挥利用，明白人都知道，飞鸟尽良弓藏，狡兔死走狗烹，等到与宋朝对立的势力都清除了，那么吴越国一样到头了。要知道，宋朝既然想一统天下，怎么会让吴越国这样一个小朝廷怡然独立呢？那么，吴越国与宋朝站在一起，把别的国家消灭掉，到头来，还不是自找死路，自求灭亡。

所以南唐的李煜就写信跟钱弘俶明说："今日无我，明日岂有君？"也就是说，今天我南唐没有了，明天不就轮到打你们吴越国了，到时难道还有你？

钱弘俶应该很清楚，作为横亘在宋与吴越国之间的南唐，无疑是吴越国对抗宋朝的一道屏障，撤了这道屏障，吴越国也就全面暴露在大宋的刀箭铁蹄之下了。

但是，钱弘俶不听李煜的劝，他一心不二地向着宋朝，甚至把李煜写给他的信，都交给了赵匡胤。然后，在开宝九年（976），亲自赶到汴梁，参拜宋室，奉献上大量贡品。

当时，宋朝的文武官员提议，要赵匡胤趁机把钱弘俶给扣下，然后挥兵南下，收拾吴越国。但赵匡胤到底是干大事的人，有他的肚量与风采，他没有听手下的，没有把钱弘俶给拿下。

赵匡胤自然有他的办法，他给足钱弘俶面子，举行官宴，摆开隆重的宴席，让百官作陪，替钱弘俶接风洗尘。私下还邀请钱弘俶去他的宫室里，两个人把酒言欢，诗文唱答。钱弘俶感动于赵匡胤的盛情，说：我一定让钱氏的子子孙孙都尽忠于大宋。赵匡胤却不动声色地说：你有心对我效忠就行了，至于宋朝怎么对待吴越国，也不是你我两个人的事。话外之音，也就是旁击钱弘俶：吴越国与你钱氏家族，到底何去何从，不是你说了算的。

还有一次，在酒会上，钱弘俶给赵匡胤献词，而钱弘俶觉得宫女跳舞跳得好，就应景作了一首诗，其中有一句"金凤欲飞遭掣搦，情脉脉"。这诗句的意思是，金凤想飞起来被牵制住了，现出了脉脉动情的样子。诗里说的，应该是舞者的动作与表情。但是呢，这时赵匡胤突然伸手在钱弘俶的肩头重重拍了一下，接着大声地说：誓不杀钱王！

想想，在歌舞升平的时候，掌握有生杀大权的帝王，突然朝你说，发誓不杀你。说的是"不杀"，但话里到底有一个"杀"字啊！是不是人家心里有个杀的念头，把这想杀的念头压住了，才说不杀？

这样的一句话，怎么不叫人胆战心惊？

赵匡胤没有食言，让钱弘俶返回杭州，还把朝中文武的秘密奏章，都拿给钱弘俶看。钱弘俶当然明白，赵匡胤虽然不当回事地让他回杭州，给他看这些奏章，明摆的是信任，暗中却是明白地告诉他：吴越国和你，也就在悬崖边上了，要不是我给你顶着，早就跌下悬崖完蛋了，你回去要是敢轻举妄动，大宋马上出兵，让你粉身碎骨，死无葬身之地。

钱弘俶回到杭州，又把吴越国的旗帜，苦苦艾艾地扛了两年。终于扛不下去了，做出了让后世赞叹的举动——纳土归宋。

太平兴国三年（978）五月，钱弘俶正式向宋廷上表，谦卑又恭敬地，将"所部十三州、一军、八十六县，户五十五万六百八十，兵一十一万五千三十六"完整地呈上。

促使钱弘俶"去国如去舍"，也就是让出原本由自己掌控的国家，如同让出一幢房屋，这样义无反顾地纳国土归大宋，其中的一个原因，与他钱弘俶一直遵从父祖的遗训有关吧。

钱镠在遗训中是这样跟子孙说的：你们要坚持忠孝的心，爱惜兵将，体贴天下的老百姓。中原朝廷的君王，哪怕姓名更换，也都一样要好好对待。要懂得衡量中原的体力，认识时局的变化，"如遇明主，宜速归之"，如果遇上了有能力的真命天子，那么应该马上归附，做个名正言顺的臣子臣民。

吴越开国之王钱镠立下的钱氏家训，真可以称得上是千古一训。因为家训中秉持的宗旨是，不仅不要盲目自大，引火烧身，而且始终贯彻"民为贵，社稷次之"的思想。也就是说，一个国家中，黎民百姓所占的分量最重，比江山社稷重，比起君王自身的性命，那是重得多。

"免动干戈，即所以爱民"，不要打仗，避免战事，让老百姓们都平平安安，有的吃，有的穿，过得好好的，这才是爱民的体现，是作为君王，必须要担负起的责任。所以历史评价吴越国王钱镠，说他不仅是一位智者，更是一位仁者。

除了祖父留下的训导，促使钱弘俶下定决心的，是一位好朋友的点拨与劝告。这朋友是位僧人，可以说是一位大彻大悟的智僧。他的智慧开导，最后促成了钱弘俶纳土归宋，成就了这起旷古绝今的壮举。

这位智僧的释名，叫延寿。延寿大师俗姓王，浙江余杭人，是当时杭州慧日永明寺中的禅师。禅师幼年学习儒学，也曾经有过济国救世的抱负，却从薪柴落地中悟到了禅意——"扑落非他物，纵横不是尘。山河并大地，使露法王身。"就是说，扑腾中的万事万物，到头来都是尘土，只有山河大地，才是佛祖真身。了悟之后，延寿大师便出家了。因为秉承"以心传心，直指人心，见性成佛"的传法宗旨，得到了当时吴越国王钱弘俶的赞赏与认可，两个人很快成了以心换心的僧俗好友。

钱弘俶面对强势政权，无可奈何，心里却十分留恋家国与权位，在舍与不舍之间无法决断的时候，请教于延寿大师。

延寿大师就开导他说：吴越国要是拼命抵抗，只不过政权多存在几年，到时候城池还是破，国还是亡，到时候，更加悲惨的是老百姓，只要战争一起，肯定是万千生灵涂炭，而你身为一国之君，要是做出明智的选择，就可以把整个吴越国的老百姓给救下，你要是肯这么做，实在是功德无量。

钱弘俶在延寿大师的开导下，豁然开朗，下定了决心，把吴越国交给大宋朝廷，从而踏上了北上献土的大路。

杭州城的老百姓，为了祈求佛神保佑北去的贤君，特意将西湖边宝石山上，原本叫宝所塔的佛塔，称作保俶塔。

不过等钱弘俶再次到达京城的时候，宋朝开国皇帝赵匡胤已经薨逝。接受吴越国纳土表的，是新继的帝王宋太宗赵光义，他是赵匡胤的弟弟。

因钱弘俶英明果敢的举动，从而使得吴越国的国境，其中包括杭州城，在宋初政权的交割中，没有受到战火的洗劫。

一座繁华富庶的城市，得到了保全。

秋日的保俶塔

可以说，杭州并不是自古繁华，而是自吴越国开始繁华。

对此，后世名家欧阳修，比较了南唐都城金陵（今南京）与吴越国都城杭州，在五代十国结束之后的情景，给了吴越国极大的肯定。

他说，金陵与钱塘，原本都是经济发达、风景美丽的地方，同样都让天下人向往，但是看金陵的景致，山河依旧在，却一派荒烟野草，颓废不堪，让游客和路过的人见了，都忍不住哀叹。只有钱塘在五代时就知道以中原朝廷为尊，国家消亡时，君王去中原纳土请命，没有引发战争，所以现如今风景还是这么美丽，百姓们依旧幸福安乐。

"去国如去舍"，舍掉自己统治的国家，如同丢掉一份家业。这种话，说起来容易，做起来难，想想要把祖孙三代奋斗得来的家业给拱手送人，是不是跟掏心割肉差不多？更何况，送出去的是一个国家。但是钱弘俶做到了，虽然其实也不是他自己想要这么做，最大的原因当然是宋朝日益强大，诸侯国已经难以生存，统一是大势所趋，顽抗是死路一条。

再说纳土归宋之后，赵光义肯定了钱弘俶纳土的功德，也给了他丰厚的待遇，封他为淮海国王、南汉国王，让他在京城过着荣华舒适的生活。

端拱元年（988），钱弘俶在六十岁生日的晚上，溘然长逝了。

钱弘俶去世后，宋太宗还为他罢朝七天，用亲王的礼仪为他举办葬礼。可以说，宋朝给予了钱弘俶极大的哀荣。

也因为钱弘俶的明智，钱氏后世子孙都没有受到伤害，能够顺利成长。钱弘俶的子孙后人，都在朝廷中当官任职。其中他的儿子钱惟演出任右神武将军、太仆少卿、工部尚书等重要职务。而且钱惟演还是位博学多才的人物，著有《家王故事》《金坡遗事》等作品，至今还有著作存世。

临安钱氏家族，成为两宋时最有影响力的名门望族。就连宋人编的《百家姓》，"赵钱孙李"，也把钱姓放在了第二位，仅次于皇家姓氏赵。这样的地位，可以说是非常显赫了。

而钱氏家族的后代，经过岁月的洗礼与文化的沉淀，在之后的历朝历代，都是人才辈出，影响巨大，十分难得。

胙土封王

第五节　罗隐，传说中的芦岭秀才

罗隐，这位吴越国智囊团领袖，已经在前文中介绍过了，是吴越国文臣中的翘楚，却又是位"十不第先生"。

罗隐参加了十次科举考试，始终没有榜上题名，但罗隐留下的故事与作品很多，是位知名的历史人物。

罗隐（833—910），杭州新城（今杭州富阳新登镇）人。罗隐是位思想家和诗人，著有《甲乙集》《谗书》《太平两同书》等，他在书中力图提炼一套供天下人使用的"太平匡济术"，也就是太平济世的论著。还写下众多流传于世的经典诗词，有"时来天地皆同力，运去英雄不自由"，"今朝有酒今朝醉"，"任是无情也动人"，等等。

罗隐之所以十数次参加科举考试，又十数次落榜，并不是因为他的才学不行，恰恰是因为他的才学太好了，年纪轻轻就写了《谗书》这样重量级的作品，以至于自己名声远扬。而且连朝廷中掌握普罗众生命运的权力人物，也知道了他罗隐这么个人。但是，罗隐的作品不是给当朝歌功颂德的，而是揭露官场黑暗，这样的作品，当然是让权力人物很反感，从而下令，永远不许录用此人。也就是说，罗隐的科举之路早就被权力堵死了，考多少次都是枉然，没有高中的可能，永远只是个落榜生。

曾经遭遇同样落第命运的黄巢，题了首菊花诗，后来开始了冲冠一怒的浩大行动，攻陷长安城。而罗隐，倒没有像黄巢一样揭竿而起，甚至在黄巢起义期间，他还避乱隐居九华山。

不能在朝便在野，草庵陋室，也是诗文人生。而罗隐的诗文之行，可就不像后世诗词名家柳永那样轻松。

柳永一路优哉游哉，不用考虑衣食盘缠，只用题诗赋词，不时与有情人来一场欢聚悲离的人间戏。罗隐的人生中，似乎少了莺歌燕舞，多的是艰难与苦涩。也因此，流浪半生的罗隐，思想上极其愤世嫉俗，性格也不太随和，对世道人心多有讽刺。

但上层社会对罗隐的评判与排斥，并不能影响他在民间的影响力。百姓们对落第罗隐，是非常喜爱的。也因此，罗隐的故事一直活跃在老百姓的口头，特别是在他的家乡杭州地区。

罗隐在民间故事里的称谓，有芦岭秀才，还有什么驴头秀才、驴脸秀才。据民间的说法，罗隐的籍贯和出生地虽然在富阳新登，但是从小生父去世，他就随母亲逃难，来到了临安昌化一个叫芦岭铺的村子，也就被称作芦岭秀才。被称为驴头秀才、驴脸秀才，可能这位秀才的相貌实在不太英俊吧，驴头驴脸的。甚至有说书讲故事的人形容他塌鼻梁、歪嘴巴、黑皮肤等等。但是呢，这位相貌丑陋的秀才，也不是一无是处，他五官中有一项很出挑，甚至可以说极其完美，那就是有一口洁白整齐的好牙齿。

这口好牙，便成了一些故事的核心。

这些故事往往是这样开始的，从前有位芦岭秀才，非常聪明，从小就会识字作诗。但是他投胎投错了人家，没有投在有钱人家，而是投在了很穷的人家。很小的时候，家里因为受到坏人的算计陷害，父亲没了，仅有的房屋和田地也被坏人抢去，罗隐和母亲被赶出家门。母亲又气又急，一双眼睛就瞎了。瞎子娘带着儿子出门要饭，东一口，西一口，母子俩好不容易活下来。没有住处，晚上只能住在破庙里。瞎子娘有个习惯，每天拜庙里的

罗隐像

菩萨。这一天又拜菩萨，却好像有什么动静。瞎子娘的眼睛看不见，耳朵却灵，便问罗隐是怎么回事。罗隐竟然说，是菩萨给娘还礼了。高高在上的菩萨，还给人还礼？瞎子娘以为儿子瞎说，也就没当回事。但是呢，此后一连几次，都听到了同样的声响，而罗隐也一再肯定，是菩萨还礼。晚上瞎子娘做梦，梦到菩萨跟她说，她儿子罗隐不是一般人，是天子的骨相，将来是要做天子的。瞎子娘醒来，当然是万分高兴，马上搂着儿子罗隐说，等我儿子做了天子，要把天下的坏人都杀了，杀得一干二净，杀得血流成河。不想瞎子娘的话，被躲在暗处的小鬼听到了，小鬼就想办法托神仙告罗隐母子的状，一直告到了天帝那里。告状的没说瞎眼娘要杀坏人，却说要杀人，杀得血流成河。天帝一听，还没坐上天子座就说杀人，那还了得，这样的人不能用。于是就下命令，让手下把罗隐的天子骨换成狗骨头。天将得令，马上降下云头找到破庙里栖身的母子俩。罗隐活生生地被换骨头，当然是痛，痛，痛，痛得喊天叫地，痛得满地打滚。瞎子娘心疼儿子，但是没有办法，只能说，儿啊儿，你要是痛得不行，就咬住娘的衣襟吧！罗隐果真张嘴，死死地咬住了娘的一角衣襟。结果呢，罗隐的天子骨被换成了狗骨头，只有紧咬着的一副牙齿没有被换掉。

罗隐没有了天子骨，只有一副狗骨头，当然是一生流浪要饭。但是他的一副天子真牙并没有被换，让他的嘴巴没有成为狗嘴，依然是"金口"。从此以后，他说话，就成了"开金口"，也就是说的话都会应验。比如说，他要饭到了浙皖交界一处叫石门里的地方，那里的蚊子又大又猛，咬得他全身又痛又痒。这时候他说，石门里的蚊子不叮客，要叮叮石踏（石头）。结果那些蚊子都聚集在了石头上，再也不咬人。至今人们还在说，石门里的蚊子是不咬人的。再比如，他罗隐要饭，拎着要饭篮爬山过岭时，篮子不小心掉了，还朝山下直滚。他希望下面的一棵大松树把他的篮子给挡住，但是松树没挡住，倒是一蓬荆棘把他的篮子给挡了下来。他见了，便对着松树和荆棘说，松树被砍，再不长，荆棘被砍，抽抽长。可不是，松树被砍了，根就腐烂了，荆棘被砍掉，来年还会抽新芽，重新生长。再比如说，他长大后，总是帮助穷人，帮穷人向官府告恶人的状，每每能够告赢，让穷人少受欺负。

不管故事是真是假，可以肯定的是，罗隐作为历史人物，是深受老百姓喜爱的。

话说回来，当家乡在钱镠的统治下，安稳又富庶，罗隐，便也想结束流浪的生涯，回乡效力了。但这个时候，罗隐已经不年轻了，已然五十五岁，都过了知天命的年龄。怕钱镠看不起他，在回乡之前，便给钱镠写了封信，算是自荐信吧，其中有这么两句诗，"一个祢衡容不得，思量黄祖谩英雄"。这话的意思呢，是借用三国中的典故，荆州守将黄祖，容不下名士祢衡，而且把他给杀了。

要是在当年，钱镠或许会这样想：把我比作不容人的黄祖？真是大胆狂徒！但是呢，当时钱镠也已人到中年，不再像年轻时候那样鲁莽。所以这时候钱镠对待文人的态度，改进了不少了。也或许钱镠已然明了，有才能的人，往往恃才傲物，但只要用好了，一定能起大作用。

所以钱镠看完罗隐的信，不但没有生气，还开口大笑，然后很客气地给他回了封信，信上说："仲宣远托刘荆州，都缘乱世；夫子辟为鲁司寇，只为故乡。"也用三国中的典故，把罗隐比喻为投奔刘表的名士王粲，同时还拿他比作回乡效力的孔夫子，这样规格，实在太高了。

罗隐收到回信，当然十分高兴，也就安心地还乡投奔吴越国了。

芦岭秀才回归故乡的路上，就算千里迢迢，也一定是轻舟快马，衣袂飘飘。

罗隐回故乡投奔钱镠之后，马上得到了重用，从钱塘县令、司勋郎中、谏议大夫，直到给事中。

罗隐在杭州城，作为一国一城的智力担当与文化领袖，也是为国为民尽心尽力，为了后来的吴越国能够立于乱世，发展壮大，以及文艺兴盛，可以说是做到了全力以赴，鞠躬尽瘁。

开平三年（909），罗隐卒于杭州，享年七十七岁，算是福寿双全了。

第六节　皮光业，不仅仅是吴越国的颜值担当

钱镠或许在与罗隐相遇相知之后，君臣间推心置腹，让他改变了对文人文士的态度。最初对待贯休与吴仁璧，那是轻慢鲁莽，到后来做到了礼贤下士。吴越国为了广招人才，还在杭州城里建立了一座专门的殿堂，叫握发殿，相当于现在的人才大楼吧。

在五代十国时期，可以说烽火遍华夏，而在这东海之滨，有个安稳富强的吴越国。乱世之外有桃源，还不是人心所向，天下归心？而吴越国的君臣，对人才又是十分尊重。这样一来，有才能的人都纷纷奔来吴越国，奔进杭州城。

皮日休，也算是当时有才干的名士，他的儿子皮光业，同样有才干。父子俩不计路途艰难遥远，也来到了杭州。

说起皮日休，许多人或许不太清楚。因为说到唐代诗人，耳熟能详的不外乎李白、杜甫、白居易，要是再说，那么有孟浩然、张九龄、王维等人。其实，在唐代，特别是晚唐，诗坛中还是有皮日休的座席与地位的，他与当时的陆龟蒙，并称"皮陆"，算是晚唐诗坛的领袖人物。

皮日休留存的诗歌诗句非常多，朗朗上口的有"近贤则聪，近愚则聩""落尽残红始吐芳，佳名号作百花王。竞夸天下无双艳，独占人间第一香"等等。

皮日休是晚唐进士，虽然只是以末名上榜，也就是最后的名次，但好歹也是金榜题名了。在那个以功名定一生的年代，皮日休拿到了进入上层社会的进门券，也就为自己的前途命运创造了机会。按照平常的惯例，一定是入仕为官，甚至位至人臣。然而，晚唐纷乱开始，黄巢攻陷了长安城。这个时候，皮日休认为黄巢才是能够左右未来的强人，便投靠了起义军。据说那句著名民谣"欲知圣人姓，田八二十一；欲知圣人名，果头三屈律"，便是皮日休的杰作。但是起义军并没能照着理想的方向发展，很快大势转下，河山直落。皮日休见形势不对，便又及时抽身，回到了老家隐居起来，也就躲开了厄难。

当皮日休得知吴越国求贤纳士消息的时候，他自己已经年纪大了，再没有充沛的体力来奔波效力。但是他的儿子皮光业已经长大成人，做足了学问，正是出山的时候了。皮日休便带上儿子，从老家湖北襄阳，奔向了杭州，并亲自把儿子推荐给了钱镠。

据说皮日休之所以能够顺利荐子，让他的儿子皮光业直接进入钱镠幕府，是因为有位厉害的中间人物起了作用。这位中间人物确实很厉害，倒不是说他手握重权，或者武功盖世，而是这位人物在两浙的地位极高。

这位厉害的中间人是谁？就是洪湮法师。

关于洪湮法师，前文已经提到过，在钱镠还在贩私盐的时候，就给予他开导，或者叫点化，从而使得血气方刚的年轻人没有走上歪门邪路，而是一步一个脚印，走上正路，建功立业，直到创立了吴越国。所以，钱镠始终尊洪湮法师为恩师。吴越国成立之后，洪湮法师也就成了吴越国的国师。

有这样一位重量级的人物开口，皮光业也就顺利地进入了钱镠幕府。不过事实证明，洪湮法师没有看错人，没有看错皮日休的儿子皮光业，就像当年没有看错钱镠一样。

这位皮光业，他与他的父亲皮日休，以及钱镠智囊团领袖罗隐一样，都是才华横溢的人物。但是皮光业与罗隐有个大大的不同之处。不同在哪里？前文说了，罗隐塌鼻梁，歪嘴巴，是位相貌令人不敢恭维的驴脸秀才。而皮光业呢，剑眉星目，鼻挺唇鲜，粉雕玉琢，玉树临风，是一位风度翩翩的佳公子。

关于皮光业的相貌，史书中没有详细的描写，只在《吴越备史》中有所记载：光业美容仪，善谈论，人或以为神仙中人。

"美容仪"，想想，在一个只以品德与学识为重，样貌之类似乎无关紧要的社会中，一个人的相貌能够得到认可，并且还能记录在史书上，一定是不同凡响。而且被称作"神仙中人"，一定是相貌绝美，风度翩翩。

俊美佳公子，有才学，口才又好，这样的人才适合什么岗位？当然是外交部。果真，钱镠就把皮光业安排在了吴越国出使的岗位上。

后梁贞明二年（916），皮光业接受了一个极其重要的任务：代表吴越国出使中原。当时中原的朝廷是梁，也就是史书上称的后梁。出使中原朝廷，一方面是与宗主国取得联系，建立感情联络，另一方面要带上物品，表达忠心，从而促使双方结好，免得出现兵戈往来这样的坏事。

出使中原，从杭州去河南，那不是很容易？在杭州大运河的客运码头上船，一路朝北，直接抵达？要是真这么容易，就谈不上是重要任务了。从杭州北上的路，在吴国那里受阻中断，是走不了的。

水路航路不给走，我就走海路，大海航行，你拦得住吗？

皮光业受命启程，先是南下，可以说是逆行，到福建汀州，再到江西虔州，然后绕经湖南湖北，然后进入河南。可以说是千里迢迢，历尽千辛万苦才抵达梁国的都城汴梁。

皮光业到达梁都之后，先向后梁的君王表达吴越国的忠心，替吴越国君臣极力美言，再献上带来的厚重礼品。这样一来，后梁末帝当然十分高兴，当下授封钱镠为"天下兵马大元帅"。而使臣皮光业，也受到了重重的封赏，被授予进士及第的功名和右补阙、内供奉的官衔。

后来，淮南吴国与吴越国结好，钱镠又派出皮光业出使吴国。吴国国王不仅给了他大量的赏赐，还想把他留下来，留在吴中为臣，答应给他比吴越国更高的官阶和更多的财物。但是皮光业不为所动，完成出使的任务后，毅然回到了吴越国，回到了杭州城。

不知道是吴越国王钱镠胸怀宽广能容天下风云的个人魅力，还是湖光山色怎么都看不够的美丽杭州，留住了能臣皮光业的心。总之，皮光业也算一朝入杭付终身，把他的一生都交付给了吴越国，交付给了杭州城。与斯国斯城相伴相随，不离不弃，一直到老。

据说，皮光业有个嗜好，还是个雅好：爱喝茶。有一回，朋友请他到家中品尝新柑，也就是柑橘吧。他呢，进门后对黄橙光鲜的柑橘没看一眼，而是叫唤着快快上茶。朋友一听，那就赶紧煮了茶，一大瓯，茶盘托着，奉上来。皮光业接过茶瓯，赶紧啜上一口。初上口，是苦味，但是呢，很快回甘，一时间觉得舌齿芬芳，满嘴馥郁，好茶！当下，便吟诗称赞："未见甘心氏，先迎苦口师。"也就是说，没去注意柑橘，先接过苦苦的茶来喝。从此这茶水茶汤，又多了一个"苦口师"的趣名。

皮光业尽心尽职辅佐武肃王钱镠，并在文穆王钱元瓘继位后，继续鼎力辅政，被拜为丞相，成为吴越国的股肱大臣，中流砥柱。后来钱元瓘因为火灾受惊得病，骤然去世，皮光业又辅助新君钱弘佐上位。只是在钱弘佐继位不久，朝政还没稳定时，作为吴越国柱梁的皮光业，抵不住岁月与病痛的催促，再来不及辅助新主，匡定吴越新朝新政，在天福八年（943）撒手归西了，享年六十七岁。

一代忠臣驾鹤归，俊雅但付山与水。

在吴越国，在杭州城，除罗隐、皮光业之外，还有一批有学识才能的知名人士，如林鼎、章鲁封、杨岩、曹仲达、裴坚等等。因为吴越国的安定与富强，也因为杭州城优美的湖山风光，使得天下归心，一大批具备文治武功，有能力济世匡时的良才，都来到了吴越国，集聚在杭州城。这对于吴越国的内治外交，以及社会经济、文化等各方面发展，那是多多裨益。

所以说，贯休的"满堂花醉三千客，一剑霜寒十四州"，确实是当时杭州城里所呈现的真实场景：人才济济，名家辈出，经济强盛，文艺繁荣。

这样的城市，当然是一派勃勃生机。

第六章

从吴越国的贸易，看当年的繁荣昌盛

第一节　罗绮走中原——丝绸

望海楼明照曙霞，护江堤白踏晴沙。

涛声夜入伍员庙，柳色春藏苏小家。

红袖织绫夸柿蒂，青旗沽酒趁梨花。

谁开湖寺西南路，草绿裙腰一道斜。

　　　　　——〔唐〕白居易《杭州春望》

吴越分歧处，青林接远村。

水乡成一市，罗绮走中原。

尚利民风薄，多金商贾尊。

人家勤织作，机杼彻晨昏。

　　　　　——〔清〕周灿《盛泽》

　　这两首诗虽然不是出自吴越国时代的诗人笔下（白居易，唐代大诗人，吴越国之前。周灿，清代诗人，吴越国之后），但诗句中描绘的，都是杭州，而且其中除了杭州的美丽景致之外，都涉及一件事，那就是绫绮，也就是丝绸。

　　现在说起丝绸，毫无疑问都会想到杭州，"丝绸之都"，

"丝绸之府"，等等，似乎丝绸的发源地便是杭州。但其实，丝绸的发源地并不是杭州，而是北方。

我国养蚕纺织的历史非常久远，流传下来的上古神话里就有"嫘祖始蚕"的传说。说是中华始祖黄帝的妻子，西陵人家的女儿嫘祖，早早地发现养蚕可以抽丝，丝可以用来织布。据说嫘祖自己学会了养蚕织布，并把她的本领教给了部落中的其他人。

到了唐代，丝织业已经十分成熟，是民间最广泛的手工业。但是在江南，当时的丝织业与北方地区的比较，算是落后的，就像杭州人，更擅长的是纺织麻布。

吴越国成立之后，国力增强，国民对物质的要求也就提高了，衣料上不满足于粗糙的麻布，更向往华贵的丝织品。而且随着外贸业务的扩大，对丝绸这重要外贸物品的需求，也是越来越大。这时候，杭州太需要发展丝织业了。

据记载，唐中期有名叫薛兼训的浙东节度使，给军中未婚的士兵下达了一项任务，让他们找北方会织丝绸的女子做妻子。说不定，下达这项任务的同时，还开出什么奖励条件，要是找到如此这般会丝织的女子，可以给予升职、落户甚至一大笔奖金等等。反正，这是一个美丽的任务。结果是，开创了一份美丽的事业，数百名身怀绝技的北方姑娘被引进，定居在了杭州城。而从此，杭州城里的机杼声更响亮清脆了。

据史料记载，吴越国在杭州开办的王室丝织作坊，织锦工就达三百人之多。或许在今天的人看来，这不过是个数百人的作坊，但在当时，这可能是全国甚至是全世界最大的丝织厂。

吴越国初始的丝织品，以织绫为主，也就是前面白居易诗歌中说的"红袖织绫"。后来，随着工艺的进步，在织绫的基础上，又发展了织锦、织绮、织绢、织罗等。

吴越国在丝织品的工艺技术上，甚至发明了缂丝技术，运用子母经的缂法，制造出特别明丽的缂丝织品，一时间成为最受市场青睐的高端俏货，一经售到国外，马上成为最受王室贵胄们喜欢的物品。

而吴越国一直尊中原朝廷为正朔，就免不了绵绵不断要给中原朝廷上贡。这贡品中，当然就少不了丝绸，也就像周灿诗中说的，"罗绮走中原"。说是在唐朝，南方上贡的丝织品数量仅占全国上贡数的五分之一，到了五代十国后期，这一数字上升为四分之三，大大超过了北方。而在南方丝织品上贡的数量中，吴越国的约占七成。

当时的吴越国，得益于社会环境的安稳，以及有足够的田地来植桑，养蚕抽丝，从而使得丝织业取得了快速发展。

"夜市卖菱藕，春船载绮罗"，这样美丽生动的景致，不止于姑苏，也不止于杭州，应该是江南处处。

杭州，也就成为中国的"丝绸之都"。

第二节 莫嗔焙茶烟暗——茶叶

香泉一合乳，煎作连珠沸。
时看蟹目溅，乍见鱼鳞起。
声疑松带雨，饽恐烟生翠。

倘把沥中山，必无千日醉。

——〔唐〕皮日休《茶中杂咏·煮茶》

板桥人渡泉声，茅檐日午鸡鸣。
莫嗔焙茶烟暗，却喜晒谷天晴。

——〔唐〕张继《山家》

说到丝绸，往往会联想到另外两件东西，一件是茶叶，一件是瓷器，同为中华三宝。在吴越国，丝绸、茶叶、瓷器，还是外贸商品的三大宗。

茶叶的起始，如果照唐代茶圣陆羽的说法，也是久远的，他根据《神农食经》中"茶茗久服，令人有力悦志"的记载，认为对茶的认识起于神农氏。

只是国人普遍饮茶的历史，并不见得这么久远，有说起始于秦朝，也有的说是西汉或三国。不过到了唐朝，开始大兴"茶道"了，可以说王公朝会，文士雅聚，或许普通百姓人家会客，都少不了一杯茶。

古代还有"茶为食物，无异米盐"的说法，也就是说茶跟粮食一样重要。每天要吃饭，每天也不能少了茶。

吴越国，东海之滨的江南地界，这里温暖潮湿的气候，以及带酸性的土壤，特别适合茶叶的生长。境内的杭州、湖州、常州等地，都适合种茶。照茶圣陆羽的说法，当时杭州的茶叶并不是最好的，而最好的茶叶出自与杭州毗邻的湖州。

陆羽在《茶经》中说，"浙西：以湖州上"，也就是说，湖州是浙西地区产茶质量最好的。湖州有什么好茶？最有名的当然是长兴的紫笋茶。关于紫笋茶，《茶经》中说明了，"阳崖阴林，紫者上，绿者次，笋者上，芽者次"，阳山阴林中，叶片紫色的最好，绿叶为次，毛峰像笋尖一样的最好，冒出芽叶的为次。长兴顾渚山的紫笋茶，那是芽色带紫，芽形像笋尖，叶底肥壮成朵，茶汁碧绿，香味就像幽谷兰花，确实是好茶。

那难道湖州茶比西湖龙井还好吗？其实这里有个时间问题，陆羽是唐代人，他的《茶经》写在唐代，而龙井茶的名声开始传播，是从宋代开始的。说不定在唐代，梅家坞还是一片荒坡，没有开垦种茶呢。再有，陆羽他本人写《茶经》的时候，就在湖州，天天喝着湖州的茶汤，说不定内心也是有点偏向的。当然不可否定的是，湖州与杭州，都产好茶。

在唐代，在吴越国时期，杭州的茶叶主要不是盛产在杭州的城区，而是产于所辖的县，比如临安、淳安、建德等。杭州茶也就不叫龙井茶，而叫大方茶。或许有人认为大方茶算不上什么好茶，肯定远远比不上大名鼎鼎的龙井。其实，大方茶是当时的名茶，更是吴越国进贡中原朝廷的重要贡品。要知道临安等地，那里山高水净，林秀岚清，巧手茶女，在云烟缥缈的茶园里采下嫩叶，还要细细挑拣，精工炒焙。

《茶经》里也有关于临安等地出产的茶叶的介绍与评价，"杭州，临安、於潜（今杭州市临安区於潜镇）二县生天目山，与舒州（一般指安徽省安庆市潜山市）同"，也就是说杭州的产茶地主要是临安、於潜两地所在的天目山中，与天柱山所产潜山茶的质量差不多。

除了杭州大方茶，吴越国的名茶还有睦州鸠坑的团茶，越州余姚县瀑布岭的仙茗茶，婺州的东白茶，等等。

吴越国有好茶，也就以茶叶作为贡品，源源不断进贡给中原朝廷，向中原表示忠心，从而保住了这东南地区的平安。据史料记载，吴越国给中原朝廷进贡，开始是每年一贡或几年一贡，后来是一年数贡，而每一次进贡的茶叶就有几万斤。由此可见，吴越国茶叶产量是非常巨大的。同时，可以看出中原对江南茶叶也是情有独钟，非常喜爱。

当然，从吴越国大量纳贡可以看出，吴越国真是不遗余力，尽自己所能，结好中原朝廷。为的是什么？还不是为了让吴越国的臣民，能够吃上饱饭，饭后还可以安然地端上茶盅，气定神闲地抿上一口。

想象一下吧，在临安、淳安、建德等地，当时遍布着茶园茶山。春风吹绿，清明谷雨，那茶园茶山上是一派翠绿。而头包蓝花巾的采茶女，一定是一面双手飞舞，一面清清脆脆地唱着采茶歌谣。

在钱镠的家乡临安，传说钱镠与茶还有一段渊源故事。这事发生在钱镠的早年间，也就是他还在贩卖私盐的时候。因为古时候盐都是由政府控制的，属于官营范畴，贩私盐是跟官府作对，是犯法的。所以钱镠在贩私盐时必须躲躲藏藏，逃避官府的追缉打击。有一回他挑着一担盐，又遇上了官兵，不想束手就擒，只好挑着盐担，没命地跑。一口气跑进了大山里，总算把官兵甩掉了。

钱镠好一阵跑下来，那是又累又渴。见山里有间茅屋，便进屋讨口水喝。屋里一位老大娘，衣衫破烂，听到来人要喝水，就拿起桌子上的破瓢，去水缸里舀了半瓢水，递给人家。钱镠以为茅屋人家就算没有热水，总会有一壶凉茶吧，没想到只得到一瓢冷水，那还不如去河沟里灌个痛快。但当时钱镠实在太渴了，也顾不上什么，拿过瓢就要喝。老大娘却把他叫住，让他不要急着喝，消消汗，把气喘平了再喝，还说满头大汗喝冷水会喝坏身子，汗消再喝就没事了，以后也要记住。钱镠果真听老大娘的，消了汗再喝水。钱镠喝了水之后问老大娘，这里为什么不种茶，不喝茶水。老大娘说，还不是因为穷，买不起茶籽茶苗，也买不起茶壶茶碗。看看老大娘这屋里，一孔破灶，一口破锅，没有一丝烟火气，真的是穷得揭不开锅了。钱镠离开后，一直没有忘记当年山里的遭遇和情景。

钱镠开创吴越国发达之后，发布优惠政策，让山里人开荒种地种茶，还让人把茶籽茶苗带去山里，劝说和教导山里人种茶制茶。从此，最贫困的山里人家，因为采茶售茶，过上了能够吃饱穿暖的日子，再也不会穷得揭不开锅了。

以上的故事或许只是民间传说，但钱镠出身贫困，后来当上国王，有了能力之后，始终把百姓的生活生计放在心头，为民办事，为民造福，这是真实的。

史书上就这样记载钱镠执政期间的作为，"善诱黎氓，服勤耕稼"，"再熟稻粱，八蚕桑柘"，也就是劝导乡野民众辛勤耕作，种稻种粮，植桑养蚕，同时植茶制茶，多找门路来增加收入。

吴越国的茶叶，还让国家与北方契丹国有了联系，建立起了很好的关系。因为北方游牧民族以牛羊肉为主食，食物难免油厚腥重，而茶叶正好可以去油除腥，清洁口舌，畅通肠胃。当然北方牧民，比如蒙古人，他们喝茶并不是像南方人一样，泡上一杯一盏，慢慢悠悠地吹拂着，啜一口抿一口，而是将茶叶和牛奶一起煮，熬成奶茶，然后痛痛快快地喝。

吴越国的商人，牵马带驼，组成长长的易货队伍，驮运着茶叶以及别的商品，与契丹等北方国家交易。可以说，这是吴越国开创的一条北方茶叶之路。售出茶叶之后，又带回北方出产的货物，主要是强壮的马匹。这些马匹，不仅可以用来运输，还可用来充实军队，使得吴越国军队的战斗力更加强大。

吴越国有好茶，更有许多嗜好喝茶的人，就像名士皮日休，虽然出入朝政，还在起义军的麾下奔忙，然而不管身处怎样的境地，都能够一面煮茶，一面吟诗，也算是"万丈红尘三杯酒，千秋大业一壶茶"。皮日休的儿子皮光业，吴越国的文化首领，"未见甘心氏，先迎苦口师"，也是个嗜茶如命的主。

茶，一片香叶，被诗人钟情，被僧家青睐，又被凡俗众生喜欢。而这茶叶，无疑是杭州城的一张名片。古往今来，不管是大方茶，还是龙井茶，都与这个城市紧密又亲密地联结在一起。

而杭州自古以来清新又淡然的城风与民风，是不是就像一杯茶？

官是香叶民是汤，相辅相成一杯中。

茶都杭州，一杯好茶。

第三节　九秋风露越窑开——秘色瓷

九秋风露越窑开，夺得千峰翠色来。
好向中宵盛沆瀣，共嵇中散斗遗杯。
　　　　　　——〔唐〕陆龟蒙《秘色越器》

掋翠融青瑞色新，陶成先得贡吾君。

巧剜明月染春水，轻旋薄冰盛绿云。

——〔唐〕徐夤《贡余秘色茶盏》（节选）

瓷器制作更早是在哪里？不在江西景德镇，也不在湖南长沙，而是在浙江的上虞。

上虞，地处杭州湾南岸，有曹娥江贯穿全境，既有优质的瓷土，也有良好的水运条件。上虞一带在唐朝初期属于越州（后来分为越州、明州），这里生产瓷器的窑口，就被统称为越窑。

茶圣陆羽说，只有好的器具，才能配得上好茶。他最喜欢的，也是认为最上等的茶具，就是越窑出产的青瓷。

越窑瓷器，瓷体温润，颜色青翠，看上去也就跟美玉差不多。所以在唐代，越窑青瓷十分受人喜爱。有许多诗词是赞美越瓷的，如"越泥似玉之甄"，"越甄秋水澄"，"圆似月魂堕，轻如云魄起"，等等。

吴越国的名窑佳器，叫秘色瓷。可以说，秘色瓷对于吴越国，是一种标志性的存在，如同说到秦朝，就联想到了兵马俑，说到唐代，就联想到了唐三彩，而说到吴越国，自然而然会联想到秘色瓷。

听上去有些神秘的秘色瓷，到底是怎么样的一种瓷器？

秘色瓷作为物品来说，肯定是吴越国境内出产的瓷器。叫人疑惑的，是这"秘色"两个字。"秘色"，这秘色到底是什么颜色？很神秘的颜色？神秘的颜色又是什么颜色？难道是"赤橙黄绿青蓝紫"之外的颜色？

水丘氏墓出土越窑青瓷褐彩云纹薰炉（水丘氏为钱镠之母）

　　对此有人说，秘色瓷是吴越国进贡给中原朝廷的重器，用于皇家宫室，一般的普通百姓看不到，接触不了，所以就觉得很神秘，把贡器称作秘色瓷。

　　皇室专用，神神秘秘，好像听起来也像是那么一回事。但是呢，稍一推敲，发现不对了，秘色瓷这个称谓，不是在吴越国建国之后才启用的，唐朝就有了。看文章篇首那首诗，题目就叫《秘色越器》，作者是陆龟蒙。陆龟蒙是唐朝人呀，是与皮日休名气相当的唐代大诗人，史称两位为"皮陆"。这么说，唐朝就有秘色瓷了。由此也就清楚，说秘色瓷是吴越国的贡器，因为神秘而被称为秘色，是经不起推敲的。

　　还有个解释，可能更恰当些。秘色瓷，是指一种特定颜色的瓷器。这种特定颜色的瓷器，与普通的越窑产品相比较，看上去颜色更加清亮，瓷胎的品质也更高，所以称作秘色瓷。这样的说法，应该更合理一点吧。

　　再看看作为吴越国的重器秘色瓷，对于吴越国，对于国都杭州城，曾经起到过什么样的作用。

　　其中一个大的作用，肯定是作为贡品，向中原朝廷进贡。吴越国从建立到结束，一直向中原尽心尽力地进献纳贡，这是为什么？虽然说吴越国是附属国，但却是享有主权的国家，没有受制于人，干吗要尽自己的国力，去讨中原朝廷的欢心？当然不是为了讨欢心，而是为了避免战争，换来一方的平安。

　　为了国内的平安，百姓的安然，那些手握重权的人，喜欢南方的丝绸、茶叶与瓷器，那就源源不断地送吧。

　　据《吴越备史》《宋史》《十国春秋》等史书记载，历代吴越国王都向中原朝廷进贡，多次提到秘色瓷器，如："后唐庄宗同光二年九月，两浙钱镠遣使钱询贡方物，金棱秘色瓷器……"；壬戌十一月甲寅，"钱弘俶遣判官贡奉……秘色瓷器……"；"清泰二年，王贡……金棱秘色瓷器二百事"；太平兴国三年三月钱弘俶一次入朝，即献"越器五万事"；等等。

　　从这些记载可以看出，吴越国以秘色瓷作为贡品，向中原朝廷进贡的次数是非常多。

　　而中原人对于吴越国的秘色瓷器，也确实是喜爱。前面说了，唐代以来，不管是王公大臣，还是文人雅士，甚至于普通民众，都喜好喝茶，以茶聚，寻茶趣。好茶，当然要有好器来配，所谓三分茶七分器。也就是说，一件茶具的品位，一定程度上左右了茶的品相。陆羽对于茶器的选择，非常明确地把越瓷摆在首位，认为它是所有瓷器中的最佳品。

可以想象一下，吴越国出产的秘色瓷器，清新如露，温润如玉，往其中撒一撮纤毫，冲上沸水，看其中绿展芳舒，绿影渐沉，幽月浮动，真是不一般的生动美妙。

用一件秘色越器，盛一瓯江南大方茶，吹雾拂珠，嗅香嚼味，细啜慢品。这样的时光，这般的享受，在五代十国纷扰乱世之中，一定是许多人所向往的吧。

秘色瓷对吴越国的经济发展来说，同样是极具分量。吴越国载着秘色瓷器的商船，顺风起航，到达东南亚、日本、朝鲜、新罗等，最远还到达埃及。这些精美的瓷器，进入了他国的市场，大部分进入贵族家室，也有被民众购置，从而便利与丰富了他们的生活。

北宋臣子徐兢，出使高丽后，回来记录在高丽国的见识，就说到越州地区古秘色瓷器，被高丽人学习和使用，影响了高丽制瓷业。从中可见，吴越国的秘色瓷，已经进入了海外国家的生活领域。

而吴越国通过与海上多国的买卖交易，获得了他国的物资，用商船盛载着，带回了国内，同样丰富了吴越国民的生活。

至于秘色瓷的衰落，可能是因为当年吴越国在进贡与贸易中，所需求的数量特别大，不免大量开发生产，从而导致瓷土使用殆尽，所以不得不停工停产。越窑衰落之后，也便有了"汝、官、哥、钧、定"五大名窑的兴起。

第四节　日本国榥木和阿拉伯火油

如果说丝绸、茶叶、瓷器是吴越国外贸出口货物中的三大宗，那么榥木、火油等等，应当是进口货物中的大宗了。

榥，按照字典上的解释，是指帷幕屏风以及窗格之类。如《文选》中"重殿叠起，交绮对榥"。榥木，也就是围格之类的所用木材。吴越国专门从日本海运而来的榥木，当然不是只能嵌个窗格的小木，应该是足以围格捍海的大木材。

先说说吴越国与日本国之间的海贸。日本，与我国毗邻，可谓是"一衣带水""山川异域，风月同天"的近国邻邦。应该说，日本与我国在互通往来的一千多年时间里，关系一直是友好的。就在隋唐时期，也就是从公元 7 世纪初到 9 世纪末约二百多年的时间里，就出现过有名的"遣唐使"。

所谓"遣唐使"，就是日本派往中国的使者。因为这派遣活动最初发生在隋唐时期，所以也就称作遣唐使。

据史料记载，唐贞观四年（630），舒明天皇第一次派出了遣唐使。这些遣唐使，一来是向中国拜见进贡，更重要的是来中国学习先进的生产技术和文化。据说遣唐使来中国并不容易，不是说在日本上船，一路扬帆直航，就能到达中国。真实状况是，从日本接受派遣使命的人数不少，出发时是分为多艘船只，这些船只在大海上随风漂航，能有一艘船到达中国，都算是成功的。而不能到达的船只，很可能在大海中转悠，搁浅，甚至沉没。所以说遣唐使的出行，实在是风险极大的一次航行，也算是当时的一场壮举。

但是日本没有因为风险，就停止派出遣唐使者，而是一次又一次，总共有十九次派出了遣唐使。遣唐使来到中国之后，除了觐见君王，进贡礼品，也接受封赏，之后便非常勤奋刻苦地学习，学习中国先进的方方面面。返回日本后，就把中国先进的律令制度、文化艺术、科学技术以及风俗习惯等等，都带到了日本。可以说每一趟遣唐之旅，都能够满载而归。

从中国带到日本的先进技术与文明成果，有力地促进了日本社会的发展。受中国影响的，不仅是生产技术等方面，就连穿衣这样的小事情，都会向大唐学习。其中嵯峨天皇就根据遣唐使的建议，下诏"男女衣服皆仿唐制"（《大日本史》）。

唐末黄巢起义之后，因为当时的时势已经不再太平，南北纷乱四起，烽火连天。这时候，日本国因为中国的战乱，还有出使经费等缘故，于唐文宗开成三年（838）最后一次派出遣唐使之后，就再也没有派遣了。日方船只从此绝迹中国，中日两国之间的官方活动从此停止了。

随后，五代十国开始，这个时候，中国与日本还是有所交往，但不再是官方交往，主要是民间的商贸往来。其中与日本最主要的商贸国，便是吴越国。日本船只来到中国，停航和返航的地点，大都在吴越国的沿海口岸。

吴越国的船只，也不断到达日本的港口。史料上说，从五代十国开始，东渡的船只，都从明州，也就是宁波港或舟山港出发，经过日本的肥前国等，进入日本福冈市的博多湾停靠。

从记载来看，吴越国与日本商贸往来的通航次数有十七次。而真实情况，很可能远远高于这个数字。这些通商船只，把中国的货物带到日本出售，再把日本的行货运回来。

从日本运回的货物，有砂金，还有椳木，等等。

这里为什么专门介绍日本椳木？这是因为，很有可能当年吴越国在钱镠带领下，集合数十万人共同修筑捍海堤坝，其中所使用的大量椳木，有一部分就来自日本国。

在治理钱塘江一节中已经介绍过，吴越国军民采用"石囤木桩法"修堤筑坝，也就是把大石头装进笼子里，再用木桩给固定住，修筑石塘。这木桩，便称为椳木或椳柱。

后来在钱塘江"钱氏捍海塘"的遗址考古中发现，这些椳木每根长约六米，直径三十余厘米。而这椳木的用量非常巨大，每处第一层共植十余排，第二层又是六排。也就是说，在修筑捍海塘时，在江边密密匝匝地植下了椳木，植成了窗格的形状，中间再垒上石块，才修筑成坚实的堤坝。因为堤坝异常坚实，从而挡住了钱塘江的凶涛猛浪，保护了两岸的百姓与良田。

而关于这些椳木，还有让人感慨的故事。

说是吴越国捍海筑堤用的椳木，都是十分粗大的好材料，埋在海岸边，称为椳柱。后来到了宋朝宝元、康定年间，杭州建设需要大量用料，但是找不到巨大的木材。有人就向官府主事的官员献计，说只要把吴越国埋下去的椳木给拔起来，就可以得到数十万方的良材。官员一听，不用钱财，只需要费点力气就能把木材弄到，太好了。也就真的下令，让人去江边找到椳木，想办法拔出来。结果呢，椳木是拔出来了，但是那些木头一离开水，便朽败不堪了，根本不能使用。而海岸江堤，因为被拔去了榪柱，打开了缺口，石堤也就不牢固了，在浪涛的冲击下，年年决口。钱塘江的大浪，又年年冲毁两岸百姓的田地家园。

　　这件事，是北宋大科学家沈括在他的著作里记录的，是他当朝的事情，应该是真实的。从这个故事里可以看出，钱镠当年用榪木也就是榪柱筑堤坝挡江涛是十分科学的，给钱塘江两岸，给杭州城，带来了安宁。也就是说，有榪木作为桩柱，才有了牢固的堤坝。而这后世的不肖子孙，竟然打榪木的主意。把榪柱给拔掉，那不就等于拔掉了

钱氏捍海塘用的榪木

167

稳定篱笆的桩。没了桩，篱笆怎么立得住？江堤怎么稳得住？受苦受难的，还是老百姓。

在这里，肯定还有个疑问，木头扎进水里多年，就算不取出来，不是也会腐朽吗？其实，智慧的古人，早就掌握了一些木材的品性，有些木头只要植进水里之后再不去动它，就可以做到千年不腐，千年不败。而一旦离水接触到空气，就会马上氧化腐败。

植水千年不败的木材，比如桧木。桧木生长在深山，百年成木，千年成材，是长寿树，在生长中树身积累有大量的芬多精，也就是能散发芳香气味的树汁。入水之后，这些芬多精分泌出来，封住了桩身，从而使得桩身不腐不烂。而一旦离水，芬多精散发或者变质，桩身也就很快腐烂了。看来宋朝宝元、康定年间献计取钱塘江捍海榥柱的人，连同下令拔榥柱的官员，都不仅是胆大包天，而且是十分愚昧。

这里我们可以猜测，大量的榥木，带着树汁的芬芳，载在东渡日本的吴越国商船上，一路漂洋过海而来，来到了杭州城，来到了钱塘江中，被用作捍海筑堤的良材，植进了滚滚海涛江流之中。从而，为护守杭州的百姓，为吴越国及后世的波平浪静，起到了定海神针般的神奇效果。

而这些入水千年不腐，如今在钱塘江捍海塘遗址中还有存留的榥木，或许不仅千百年来有力地挡住了洪涛江波，还见证了中日两国间曾经的频繁的商贸与良好的友谊。相信一衣带水的国与国，冲突是暂时的，友好共处才是长期的。作为后人，不能忘却因为曾经冲突与欺凌引发的灾难，同时也不能忘了友好共处给各国各地人们带来的繁荣与进步。

再说说阿拉伯的火油。很显然，火油现在已经换了个名字，叫石油。而中东阿拉伯地区，还是石油的盛产地。那么，阿拉伯以及阿拉伯石油是从什么时候来到中国的？是在唐朝，当时中国称呼阿拉伯不叫阿拉伯，而叫大食，阿拉伯人，就叫大食人。阿拉伯石油，也就叫大食火油。

中国与阿拉伯国家通航交往的开端，并不在唐朝，而是在更早的西汉。汉武帝时期，皇宫中的郎官张骞出使西域，却被匈奴俘虏，被困了十多年后成功远赴西域，从而熟悉了西域的情况。得到机会逃回国之后，向汉武帝汇报了他在西域的所见所闻。汉武帝对张骞所描述的西域很感兴趣，就给张骞升官，授他为太中大夫。

数年后，又以张骞为中郎将，再次派他出使西域。张骞以中国使臣的身份，带着汉武大帝的嘱托还有丝绸、瓷品等特产，又回到了他曾经落难的西域，与各国各民族开展起友好交往，从而开辟了历史上著名的丝绸之路。

那么当时阿拉伯国家是什么样的情况呢？

在当时的阿拉伯半岛上，可不是现在这样，有伊朗、伊拉克、沙特、科威特等等各自拥权自立的国家，而是有一个统一的帝国。这个帝国是伊斯兰穆斯林建立的，非常强大。在我国史书上，将这个阿拉伯帝国称为大食国。

大食帝国强大到什么程度呢，可以说，与盛唐时候的中国几乎不相上下。

唐朝与大食国之间，还有过一场浩大的战争。

这场战争，就是为了争夺西域地区，叫怛罗斯之战。唐朝派出的军队，与大食国的穆斯林，在怛罗斯地区相遇，展开了激战。战争的结果是，唐朝军队失败。

恒罗斯之战失败了，唐朝也就失去了对西域的控制权。但是，大唐的战斗力也让大食国见识到了，十分强大，让大食国也不免十分敬畏。所以后来，大食国也就没有独自控制西域。

而这场恒罗斯之战，竟然没有影响中国与大食国的关系。就好像不打不相识，两位强大的对手通过打仗反而相识相知了，最后不仅握手言和，还成了好朋友。所以两国间的政治交往与商贸活动，都是继续开展，没有因为打了一仗就停滞下来，断绝了关系。

之后，大食国通过对印度的贸易和对波斯的征服，使得他们的商船去哪里都不受阻拦，可以说是四通八达，畅通无阻。他们抵达了东南亚各地，也抵达中国沿海。

大食人最初和中国贸易的重要城市是广州，但是唐末黄巢起义军倾巢南下，可以说是将广州一度摧残得面目全非。这时候大食国商人以及别的海外商家，也就纷纷北上，到达了福建沿海。当唐朝结束，五代十国开始，福建地区自立为闽国。后来闽国被吴越国控制，所以与闽国通商的国家，也便与吴越国展开了交流沟通与贸易。

阿拉伯国家有他们著名的帆船，是那种独桅或双桅，张着巨大斜三角帆的船，因为船大，帆大，在海上可以迎风疾驶，所以有着"大飞"的美称。大帆船开到了吴越国，带来了一样特有的好东西，这便是火油。

这火油在历史上还称为"猛火油"。顾名思义，也就是燃烧起来，油劲特别大，火力十分威猛。用石油来点火，火焰放出的能量不可同日而语。

吴越国拿到猛火油，这火油除了可以用来照明，还有一种更大更强的用途，那就是作为武器。这种武器，有个大名鼎鼎的名字，叫"希腊火"。说是希腊人最先使用这种武器，把石油掺杂硫磺与生石灰等物质，再配上专门的筒子，叫"唧筒"，点燃之后发射出去。现在看起来，也不是特别神奇的东西，不过是"火焰喷射器"之类吧。但是在古代，这种带火的喷射器看上去一定是神奇又威猛。

说是在希腊人与阿拉伯人作战中，希腊人把喷射器一发，烈火扑向阿拉伯人，阿拉伯人顷刻陷入烈焰火海。烈火焚烧，肯定是一片鬼哭狼嚎，死伤无数。惨败的阿拉伯人对这个火武器既怕又敬，就称为"希腊火"。

阿拉伯人通过与希腊人的战争，也很快掌握了希腊火。随后，火油连同制作武器希腊火的技术，被阿拉伯商人带到了吴越国。吴越国的军队，也就拥有了威震天下的独门武器。前文已经介绍了，正是因为吴越国手握这个秘密武器，才能在战场上一次次取得胜利，大败敌军，包括后梁贞明四年（918），钱元璙与吴国的交锋。

这个作为国家重大武器的"希腊火"，在我国的史书记载中，叫"火箭"。这漂洋过海而来，又威力巨大的武器，在当时，真是无异于当今的火箭导弹，在战场上大显神威，一次次破敌取胜，立下奇功。可以说，吴越国作为东南小国，能够在烽火战乱中做到保境安民，也就是保住自己地盘，从容地发展生产，肯定是少不了这喷火神器的相助。

吴越国在具体的战事中，是怎样使用"火箭"这一先进武器的？

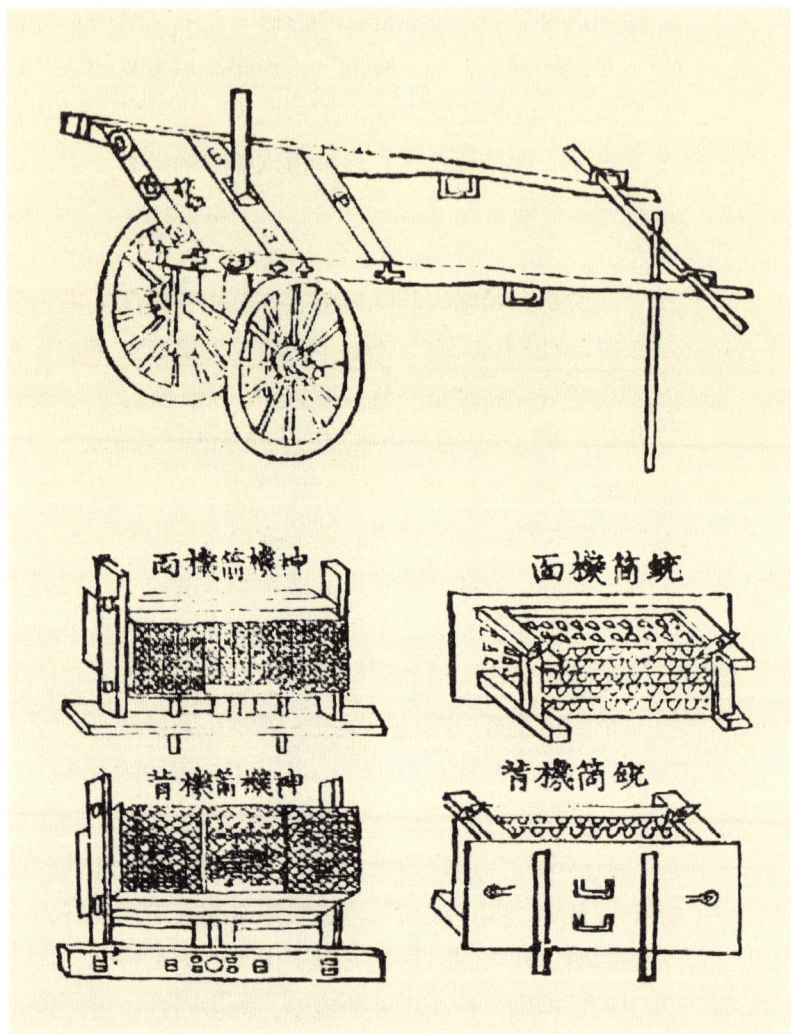

神机箭

据《吴越备史》记载，后梁贞明四年（918）四月，吴越国军队在钱元瓘带领下，出动战船五百余艘，与淮南军也就是吴国部队在狼山江展开大激战。淮南军到达，那也是成百上千的战船，船只比吴越国的更大，一路声势浩大，不同凡响。钱元瓘早就准备好了计谋，让手下在船上装了石灰、黑豆和沙子。利用淮南军船只体形巨大，不方便调转方向的缺点，派出小船把敌军的大船围住，再朝人家船上扬石灰。石灰被江风一吹，一下子弥散开来，一片灰蒙蒙，让人什么也看不见。吴越军再朝人家船上撒豆，自己的船上则铺上沙子。敌军被灰雾迷了眼睛，脚下一踩，踩上豆子跌倒了，真是你撞我，我撞你，一派混乱。这时候钱元瓘下令，朝敌军射去"火箭"。只见一支支浸泡了猛火油的飞箭，射向敌船。很快，敌军战船着火了，一艘又一艘，全都是一片火海。这一仗，吴越国获得全胜，从而使得屡屡侵犯吴越国的淮南军，再也不敢与吴越国交锋，达成了和谈，两国从此成了睦邻友邦。而其中立下大大战功的，就是火油。

吴越国对于威力巨大的火油火箭，也是十分爱惜的。史书上还记载，钱镠担心发射火箭的火箭筒丢失后被别人拿到，从而使得这神器与技术会被敌军所掌握，就想了个办法，用银子在筒上作装饰。这样一来，要是别人拿到了火箭筒，看到筒上有银子，一定会见财眼开，舍不得把银筒上交，会赶紧剥下银子藏起来，再把个没用的筒身给丢了。钱镠也真是煞费苦心，宁愿舍掉银子也要保住火箭这一神器的秘密。

从大食国来的石油，在当时属于十分珍稀的物品，只有像吴越国这样财力鼎盛的海贸国家，才能挥霍得起。契丹国在得到一两桶石油后，将其当作镇国之宝存了起来，哪里舍得用。

庆幸的是，富饶的，挥霍得起石油，拥有强大军火兵力的吴越国，并没有使用利器去开疆拓土，去大肆杀戮。国持重器，为的不是杀人夺利，而是为了保护自身的平安。

而当宋朝大统初现，天下归心，吴越国君也就不再独霸利器，而是拱手奉送，把火油火箭，连同能够熟练操作火箭发射技术的军士，一起送给了宋朝。

这猛火油，一定在宋朝一统天下的宏大事业中，发挥了强大的作用和威力。

"四十年来家国，三千里地山河。凤阙龙楼连霄汉，玉树琼枝作烟萝，几曾识干戈？一旦归为臣虏，沈腰潘鬓销磨。最是仓皇辞庙日，教坊犹奏别离歌，垂泪对宫娥。"这是南唐留下的悲歌。在时代大潮的推动下，在大宋金戈铁马以及吴越国火箭军的助威下，像南唐这样的分割政权，就算想保留国土与阵地，逆流抵抗，最后也只能是城毁民伤，连君王也只得成为阶下虏，从此只能在牢笼里流泪唱悲歌了。

所以说，就像"希腊火"，这种在当时算得上最先进最厉害的武器，也是助兴不助亡。

识时势，顺势作为，民为天，民生大过一切。或许，这才是吴越国留给后世人们的，最神奇又最实在的武器。

第七章

吴越国杭州的文艺盛况以及东南佛国的故事

第一节　叙说悲欢离合故事的《钱氏二王手泽》

提起唐代的书法艺术，马上想到最著名的四大书法家，褚遂良、欧阳询、颜真卿、柳公权，想到了留传后世的很多重量级的法帖。其中的颜真卿与柳公权，被后人称为"颜筋柳骨"。而且就连大唐帝王，如唐太宗李世民、唐玄宗李隆基以及女皇帝武则天，都是"笔力遒劲，为一时之绝"的大书法家。可以说，大唐之盛，不仅国力强盛，连文化艺术也是极其鼎盛。

而到了五代十国，乱世风云起，恐怕再没一扇安宁的窗户，再没一张清静的书桌，供学子文士们读书写字了。

说到五代十国时候的文艺，就连古代最崇尚的，具有实用性技艺的书法，也是式微的。不说战火中的国家，就连在乱世中还能保住平安的吴越国，也没有盛名的书法家。

令人想不到的是，吴越国还是给后人留下了弥足珍贵的墨宝——《钱氏二王手泽》。顾名思义，这件可以说是惊世骇俗的作品，出自吴越国王之手。是吴越国开

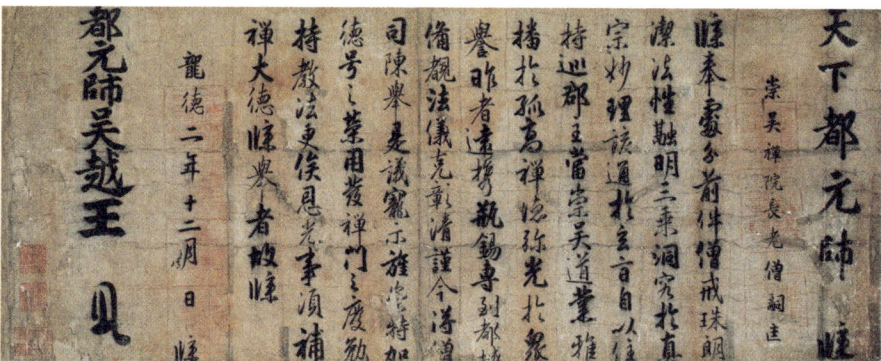

钱氏二王手泽

国君王武肃王钱镠和他的孙子忠懿王钱弘俶两个人的手迹，所以叫二王手泽。

这份珍贵的《钱氏二王手泽》至今还存在世间，但是围绕这件作品，还有个从合到分，从分到合，又从合到分的千年故事。

《钱氏二王手泽》是钱镠与钱弘俶的手批文书卷，说通俗点，就是吴越国王亲自手写指示的文件，并不是专门为书法而创作的作品。但是呢，因为这文件上有国王的字，这字写得还很好看，就被人收藏了。钱镠批示的文件与孙子钱弘俶批示的文件，当然不是同时的，一位在吴越国初期，另一位在末期，是收藏者把两件作品，也就是钱氏祖孙的两份文件，给裱接在一起了，而且命名为《钱氏二王手泽》。

其中钱镠的批文在五代后梁龙德二年（922），是发给崇吴禅院长老僧嗣匡的牒。什么叫牒？牒，通牒、图牒、牒籍，是古代一种文书的名称。这吴越重牒的内容，是表扬嗣匡在主持崇吴禅院期间的功绩，其中写着"僧戒珠朗洁，法性融明。三乘洞究于真宗，妙理该通于玄旨"等字样。

这里我们要说的不是牒的内容，而是这字，这书法。照理说，钱镠是临安石镜山下的农家子弟，小时候可以说是个顽童，带着一群小伙伴爬树打架，无所不能。虽然到了学龄也上学堂，接受解惑授业，但他自己就说，不爱文，爱武。那一定不喜欢握笔，喜欢舞大刀舞大槊。成年后，也就聚众习武，贩卖私盐。这么看来，好像钱镠是位行走江湖的草莽英雄，诗棋书法等文艺技能，大概是与他不相干的。

但是，从《钱氏二王手泽》的字迹看来，钱镠的书法是很好的。从字体上一看，钱镠学习的是书圣王羲之，但是与王羲之的法度严谨有所不同，他在笔锋间有自己的回旋与抒情，就像后人评价的那样，"清雅秀逸，点画净洁爽朗，笔势流畅自然，回环转侧之势明显，结体宽博，平正刚健，气韵自足"。毫无疑问，钱镠算得上一位书法大家。

其实，钱镠的书法当时就很有名的，连宋太祖赵匡胤也早有耳闻。所以赵匡胤当上皇帝后，特意让吴越国呈上钱镠的作品让他观摩。观摩之后，竟然爱不释手，大加夸奖。而宋代大书法家黄庭坚，更是推崇钱镠的作品，将他的作品列入了神品的队列中。

钱镠的孙子钱弘俶的书法，当时也是非常有名的，说他最擅长的是草书。根据《宣和书谱》中的记载："俶尤喜翰墨，而作字善颠草，其斡旋盘结，不减古人。"都知道哪怕是书法高手，没有相当功力，是不敢写草书的，更不要说颠草。而在钱弘俶之前的颠草大家当数怀素，有着"草圣"的头衔。说钱弘俶的草书不减古人，那可以说是与怀素大师不相上下。

吴越国的祖孙两位书法大家，却各自只留下一幅作品，最后被合成了这《钱氏二王手泽》。这作品，肯定是十分珍贵的孤本了。说是后世被宋代书画大家米芾收藏，后来又被文学家宋敏求、大儒朱熹、权相贾似道等人题跋与收藏，十分珍贵。

但是呢，这珍贵的《钱氏二王手泽》传到了明朝，却因为战火纷乱等原因，被撕开了，一分为二。然后也不知道这分为两半的手卷，各自去了哪里。

从此以后，《钱氏二王手泽》既没有出现在官方的博物馆，也不在民间收藏者的手里。难道是毁灭了？再也不能重返人间，让人们一睹芳颜了？

虽然书法与收藏界的行家们，一直都惦记着这份珍宝，明白这独一无二的孤本在业界的分量。但是世事纷乱，古往今来多少瑰宝在时间进程中湮灭了。所以也知道，只怕是心愿难遂了。

万万没有想到的是，《钱氏二王手泽》在消失了六百年后，竟然又出现了，回到了人们的视野中。真是让人既惊又喜，喜出望外。

那是 1951 年，中华人民共和国成立之后，由吴越国王的第三十一代孙，浙江台州钱氏后人，把孤本拿了出来。说是祖上在乱世中见到之后，重金买下，一直作为家族宝贝珍藏着，并且由一代又一代的钱氏子孙看护着，才一直流传了下来。如今有了新中国，有了和平雄伟的国家，这宝贝应该交给国家，让国家给予它更好的守护。之后，便慎重地捐献给了国家。如今，这珍稀的钱王手卷收藏在浙江省博物馆。

但是行家一看，就明白这不是完整的《钱氏二王手泽》，有的只是前半轴，也就是吴越武肃王钱镠的作品，后半轴，忠懿王钱弘俶的作品，并没有出现。

都说月有缺，镜难圆。这珍品手卷有一半存世，也算是大幸了，对于杳无音信的另一半，实在不敢抱什么希望。更难以想象的是，另一半竟然也出现了，没有出现在中国，而是出现在美国。就好像祖父的根扎在了原乡，孙子的脚步已经漂洋过海，到了美国。在美国纽约举行的1998年佳士得春季拍卖会上，其中的一件拍品，便是吴越王钱弘俶的手迹。

中国历史博物馆工作人员得到这个消息之后，马上想方设法与美方取得联系，告诉他们，这千古珍品还有另一半，在中国。美方人员一听，这手卷还有上半部，除了这孙子的，还有祖父的，也很高兴，很想见一见。

后来，在上海博物馆的撮合下，中美两方决定，各自把手卷带上，让手卷相聚，同时也好做个难得的"血缘鉴定"，看看是真迹还是假冒的。从而，《钱氏二王手泽》上下两部分，在分散六百多年，分离千里万里之后，在上海相聚了。

专家从纸张、墨迹、书法、花押印鉴以及内容等方面鉴定，得出的结论是，两幅都是真迹，是吴越国祖孙俩留下的手迹。

只见美国来的拍品上还有钱镠第十五世孙钱尚德的一段题跋："元年九月二十八日大兵入台城……二王手泽得之于营寨中，首尾皆扯毁。"根据这段话，可以判定，元年，也就是洪武元年（1368），朱元璋的大军攻陷浙江台州城，手持这手卷的钱氏子孙遭遇兵士，手卷被撕破。后来钱氏去讨要，要到了下半部，遗失了上半部。而上半部，不知道经历几朝几代的沧海桑田，又回到了台州钱氏家族的手里。而先前讨得的下半部，却不知道是被贩卖或者什么别的原因，去了海外别国。

千古知名的《钱氏二王手泽》，经历六百年离别，又重新聚首。

只是离别的时间很长，相聚却短暂，在匆匆相聚，经人鉴定完毕之后，两部分手卷又分开了。上部继续留在中国，下部还是去了美国。可喜的是，这去了美国的下半部手卷，吴越国王钱弘俶的书法真迹，最后被一位华裔以 40 万美元给拍得了。虽然拍卖行有规矩，不能透露买主的信息，但知道这比币值还珍贵的手卷仍然在世，还是在一位华人的手里，无论如何都是一件非常令人高兴的事情。

千年前的古人，贤达的吴越国君王，祖父与孙子，他们保境安民，他们纳土归宋，各自得到了青史的高度肯定，也得到了后人极大的推崇。他们以心血成就的，一撇一捺书写的，这《钱氏二王手泽》，无疑是留给后世的，又一份雄壮又精美的礼品。以往，现今，以及将来，作为珍贵文物与书法作品的《钱氏二王手泽》还能够被人遇见，欣赏，学习，受益，也是一桩美事。

当然我们更期盼并祝愿，这历经千年战火磨难，却能够幸存的《钱氏二王手泽》，上下各半之卷，有朝一日，还能够合体团圆，再不分离。

第二节 一幅千年罗汉图，展现了吴越国的绘画艺术

在中国，与书法同源的，是绘画，也称国画。

提起国画，那么在我们脑子里出现的，好像就是用毛笔蘸了墨，在绢或宣纸上画出的画。国画与西方画比较，国画主张"以墨为主，以色为辅"。也就是说，把纯黑的墨色作为画面的骨架和基调，色彩处理要在墨骨的基础上考虑，在单纯中求变化。在绘画技法上，有"皴染点擦"等等，以具象和写意为主。画面的内容，可以是山水，可以是花鸟，也可以是人物。画成之后，进行装裱，裱成卷轴，或悬挂展示，或掩卷收藏。总之，国画从远古传到现今，可以说一直被传承发扬，是一桩绵延数千年的美丽事业。

要说吴越国的绘画，先得说说唐代绘画。众所周知，盛唐时期国力强劲，经济社会空前繁盛，文艺事业当然是花团锦簇，芳华灿烂。说起唐代大画家，有吴道子、阎立本、韩幹、周昉等等，代表作分别有《送子天王图》《步辇图》《牧马图》《杨妃出浴图》。那真是，"世间无数丹青手""名公绎思挥彩笔""绘事功殊绝，幽襟兴激昂"，也算是给大唐盛世，来了一道锦上添花。

而到了唐末以及五代十国，乱世烽火摧残了许多有才能的人。所以五代十国的文艺，肯定没有盛世年代的辉煌，但是还是有一些执着的人，哪怕上无片瓦，下无寸土，疲于奔命，但还是不肯放弃对艺术的热爱和追求。

更何况，纷乱的年代里，还有江南的一片净土，还有吴越国这处世外桃源般的存在。

要说吴越国的绘画成就与画家，还是要从贯休说起。贯休，前面章节已经有所介绍，他献诗给钱镠，"一剑霜寒十四州"，却被正踌躇满志的钱镠要求改诗。清傲的僧人不肯屈从，也就离开了杭州。或许更多的人知道贯休是位大诗人，是诗僧，不知道的是，贯休原来还是书画高手。

贯休绘画的功力有多高？有人评价，说他是在唐代大画家阎立本、吴道子的基础上，又开拓立意。说到阎立本，他是唐代画家中的翘楚，更是唐太宗李世民的府库直。所谓库直，是随侍帝王左右的亲信，不仅要求出身名门，还要"才堪者"，也就是要很有才华能胜任岗位的。阎立本的传世名画《步辇图》，描绘的是吐蕃使者来长安觐见太宗，迎娶文成公主的画面。图中李世民既威严又平和，端坐在步辇上，而使者行礼致敬，态度恭谦。画卷人物的衣纹、胡须全都匀细挺拔，用色浓重，晕染显著。画家的造诣，那是极高。而吴道子，被称作唐朝的画圣，据说他通过观看公孙大娘舞剑，体会用笔之道，精于佛道、人物创作，能够"穷丹青之妙"。也就是说，书画的技巧与意境，已经被他吴道子全然掌握了。

而贯休的绘画，能够在阎立本、吴道子这些大家的基础上，有继承，又有发展，无疑是一代画坛大家。

贯休最擅长的，是画罗汉。罗汉，是佛教中的人物，佛祖释迦牟尼的弟子，传说中有十八位永住世间、护持正法的罗汉尊者，即十八罗汉。而贯休画的是《十六罗汉图》，那是因为在唐代，说罗汉是十六位，而不是十八位。

贯休画的罗汉，大都是胡貌梵相，也就是胡族与印度梵教人士的模样，"庞眉大眼，丰颐隆鼻，形象奇特，富有艺术的夸张趣味"（毛建波等《吴越国艺术史》）。贯休的罗汉看上去用了差不多的笔法，画出了差不多的模样，但是细看，每张画像，每位罗汉，都是不一样的。十六罗汉，那是十六种面貌，十六种姿态。

杭州圣因寺贯休《十六罗汉图》之一真迹

贯休笔下的罗汉，每一张面孔都不同，却一个个都栩栩如生。怎么做到的呢？说贯休每画一位，都力求与先前画过的不一样，所以也就一次次苦思冥想，细细琢磨。遇到实在想不出的时候，就祈祷，祈祷佛祖相助。心诚之后，梦里也会遇见他想找的人，梦醒之后抓紧画，从而准确地把人像画出来。

"每画一尊，必祈梦得应真貌方成之"，也就是说，每画一幅罗汉图，都会祈求在梦里梦见，看到真容才画成。所以有人就称贯休的画是"梦得"，也就是从梦中得到的启示。

不管贯休是不是真的在梦里见到了罗汉，见到了他想见人的模样，但至少可以说，他对待艺术的态度，是非常认真的，不达到他想要的程度，是万万不肯将就的。

说是贯休所画的罗汉，造型各异，或垂头若卧，或屈腿，或伸腿，或瞪目，或吐舌，总之是变化多端，一个个形象饱满，性情风趣，跃然纸上。尤其是第十六尊罗汉，这尊罗汉侧右端坐在岩石上，身披袈裟，袒露右臂，半握拳头举到下巴上，张着大嘴，像在思考，又像在诵经，给人一种"形如瘦鹤精神健"的感觉。说是这尊罗汉像，如今还存世，被日本宫内厅所收藏。

而关于第十六尊罗汉，也就是整幅画卷的完结之篇，也是有故事的。说是贯休已经画完十五尊罗汉，但是要画齐十六罗汉才算完工。可是，所能想到的梦到的，都已经画完了。这最后的一位，实在不知道画个什么模样。要知道行百里者半九十，不走完最后一程，前面所有的付出，很可能就白费了。贯休心中焦急，但是越焦急，越没有头绪。想想，也就算了，外出走走，散散心吧。

这一走，走到了一处山中。到了山中，没有心思看青山绿水，也没心情听泉语鸟歌，就锁着眉心，在山石上坐下来。这时候有人过来，是一位白眉白须的老山农，看到他愁眉苦脸的样子，便上前问他遇到了什么难事，有什么不开心的。贯休便把自己画不成十六罗汉的难处，跟老人说了。没想到老人竟然给了他指点，说前面山下有口深潭，让他去深潭里看看。贯休想，自己是要画罗汉，去深潭看什么。老人却说，那深潭里会有神仙出现，那神仙的模样，说不定就是贯休想要的。深潭里会有神仙？谁都不相信，贯休也不相信。但他还是去了，反正是散心，到深潭边散散心，也可以吧。

到了深潭前，探头一看，果真在潭里发现了不一样。深潭里有人，是个秃顶虬须的。乍一见，水中人双眼是浑浊无光的，可霎时间放光了，一片耀眼的明亮。这样一来，贯休一拍脑袋，有了。当下贯休赶紧拿起笔，把眼前所见的形象画下来，成就了罗汉图中的第十六尊罗汉。

其实呀，深潭中没有神仙，潭水映出的是他贯休自己的脸。那么第十六尊罗汉的真身，也就是他自己。指点他的人，才是神仙吧？也许是睿智的山中老人，觉得贯休面貌奇特，引他去潭水里照一照，认识一回自己。

贯休的十六罗汉图完成了，成为了古今罗汉画中的精品，后来分别以绢本、纸本、石刻本等多种形式流传在世。但正是画得太好，太形象生动了，后来受到了世人过多的关注和推崇。你争我抢，都想收藏或占有贯休的大作。这样一来，导致了这些作品的毁坏甚至毁灭。所以贯休存世的真迹非常少，多数是宋代以后的摹制品。

吴越国的知名画家，除了贯休，还有传古大师、蕴能、厉归真等人。其中传古大师是四明（今浙江宁波）人，擅长画龙。他画的龙讲究"三停九似"，也就是把龙头、龙腰、龙尾分为三部分，分别画成民间传说里的角似鹿，头似驼，眼似兔，项似蛇，腹似蜃，鳞似鱼，爪似鹰，掌似虎，耳似牛。这样画，也就把龙，这一传说中抽象的动物形象，具体生动地描绘出来了。说是传古大师画的龙可神奇了，要是遇上天旱，把他画的龙图挂出来求雨，每求必应。

蕴能呢，也是一位画僧，最擅长的是画佛像。"吴越释蕴能画妙身如来像"（金农《冬心画谱》），也就是说吴越国的画僧蕴能，擅长画如来像。

厉归真，台州唐兴县（今浙江天台）人，善画牛虎，兼工竹雀鸷禽。说是厉归真曾经游达一处观院，看到殿上栖息着许多小鸟，这些鸟到处拉屎，造成殿堂的神像上也沾满了鸟粪。厉归真就在大殿的墙壁上，画了一只鹞子。这鹞子，就是抓鸟的猛禽。结果呢，小鸟一下子都不见踪影了，大殿也就干净了。

据说吴越国还设立了一个叫"鸾手校尉"的官职，专门来引进画师画家。"鸾"，凤凰一类的鸟。有成语叫"鸾翔凤翥"，指书法笔势飞动，笔墨飞舞。所以能胜任这鸾手校尉职位的，一定是丹青高手。

曾经为江山打拼的，为江山描绘的，一朝又一朝的人们，已经不见了，全都停留在历史的深深隧道里。

车轮滚滚，斯人已远。

第三节　灵隐寺、净慈寺、昭庆寺，寺寺皆修竹

"我因思杭州，不仅有三竺。东城八九寺，寺寺皆修竹。"这首诗，虽然是清代诗人龚自珍作的，题目叫《寒月吟其四》。但他所见的杭州东城八九寺，应该多数与吴越国有关，是吴越国遗存的佛教建筑。

吴越国，还有个称谓，叫"东南佛国"。

说起佛教，很多人都会联想到寺院、菩萨、和尚以及"南无阿弥陀佛"等等。可以说，这些词句，都与佛教有关。

佛教是由古印度迦毗罗卫国（今尼泊尔境内）的王子乔达摩·悉达多，也就是佛祖释迦牟尼所创立的。创立的时间，距离现今大约已经有两千五百年。佛教的教义，主要是两个方面，也就是善恶因果与修行，分为"缘起、三法印、四谛、八正道、十二因缘、因果业报、三界六道、

五代吴越国刻印的《宝箧印陀罗尼经》（浙江省博物馆藏）

三十七道品、涅槃，以及自成一体的密宗法义"。佛教
的精髓是，揭示人产生苦恼的根本原因，如何摆脱苦恼，
要摆脱苦恼那就修身行善，更高的修为是"普度众生"。
也就是说，佛教提倡个人修为，修为的结果除了摆脱苦恼，
寻求来世福报，最重要的是有了修为之后，能够"普度
众生"。这"普度众生"简单说就是帮助他人也摆脱苦恼，
一起度向幸福的彼岸。修是作为，度更是作为。

　　佛教传来我国，是在公元前后，也就是东汉时期。
其中的传播路径有陆与海两路，陆路是随着古丝绸之路
进入，海路是伴随东南沿海的商贸船只。据说，传入中
国的佛教主要是大乘佛教。

　　佛教传入中国之后，落地开花，花繁果硕，气象盛
大，连达摩祖师也曾经赞叹说："东土汉地，好一派大
乘气象！"

　　隋唐时期，佛教在中国广受推崇，几乎与本土的道

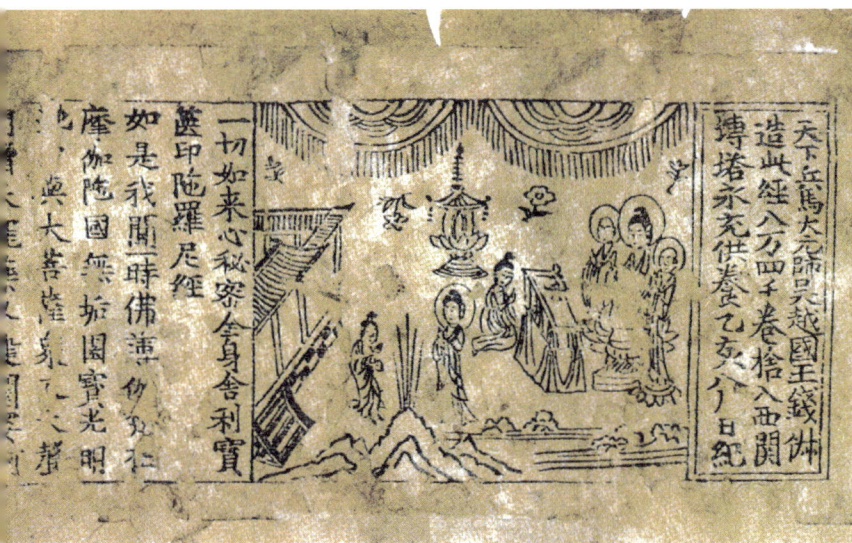

教齐肩并行，上达到了国家信仰的高度。而隋唐盛世，经济繁荣，国力强盛，对于佛教的传播是十分有利的。隋唐两朝，可以说上到皇室世家，下到平民百姓，大都信佛礼佛拜佛。这也便有了唐朝玄奘和尚西天取经的故事，他从东土大唐的国都长安城出发，途经中亚、阿富汗、巴基斯坦等地，最后到达印度。西去求经的路途一定十分艰险，凶险四伏，而玄奘和尚能够求得真经，安然归来，一定是攻坚克难，九死一生。说不定真有孙悟空、猪八戒、沙和尚这样本领高强、性格不一的徒弟，披荆斩棘，降魔捉怪，一路保护玄奘抵达佛教圣地，才求取了真经。

大唐偃息，五代十国开始。这时候，因为纷乱，很多正常有序的研究都受到了破坏，包括佛教。据史料记载，中原王朝后周，曾有"灭佛"的行径。但吴越国，因为在钱氏君王治理下，独立东南，政局稳定，国家富裕，从而使得佛教有了很好的着陆地，甚至得到了不逊前朝的继承与发展。

说起来，钱镠的出生地临安，百姓素来崇尚佛教。每到农历二月十九、六月十九、九月十九，观世音菩萨的诞生日、出家日、得道日，男女老幼，善男信女，都会进庙烧香，祈福祈安。伴随着灯花爆竹，香烛烟火，那景象比过年过节还要热闹。钱镠的母亲水丘氏，便信佛念佛，就在她墓地出土的青瓷褐彩云纹油灯等文物中，上面就有莲花这种与佛教有关的纹饰。

在家庭的影响下，对佛教的信奉，应该从小就在钱镠心中扎根了。据说钱镠年轻时，贩私盐走江湖，看起来好像是位无忌无畏的莽汉，但其实在钱镠心中是有敬畏的，他每遇到困难或困惑，总会进寺礼拜，还求教于寺僧，比如洪湮法师。洪湮法师一次次给钱镠传道，一次次帮助他渡劫。

在钱镠的一生中，洪湮法师对他的影响力是非常大的，不仅影响他的人生取舍，还影响他的执政理念。比如"保境安民""民为贵"这样的治国理念，与佛教向善为善的思想是一致的。

吴越国三代五王，全都信奉佛教，也因此，佛教在吴越国从君王到百姓普遍信奉，为了广培佛根，广植佛缘，也就广建寺院庙宇，广引高僧入持。

这寺，意思是寸土之地，表示精确，不容猜疑变化。而三监九寺，这个寺说的是一个机构。佛寺，是敬信佛陀教化的一个机构。庙，通"妙"，是敬顺真如，仰止贤圣的意思。寺庙，也就是敬顺仰止的地方，敬奉着神仙菩萨。寺庙是十分庄严的场所，神圣不可侵犯，寸土之间，不可以随意更改。

作为佛教圣域的寺庙，汉传佛教的寺庙是中式风格，藏传佛教也以中式风格为主。一般寺、观内建有对称的钟楼和鼓楼，佛寺在佛殿之前还建有佛塔，供奉佛舍利，音译就叫"浮屠"。俗话说"救人一命，胜造七级浮屠"，说的就是救人一条命，比建造佛塔的功德还要大。

吴越国的寺庙建设，可以用遍地开花来形容。就在吴越国统治不到百年的时间里，在杭州境内建造的寺庙就有 150 多座，还有数十座塔幢。比如，南屏山净慈寺，吴山海会寺，钱塘门外昭庆寺，龙井延恩衍庆院，雷峰下显严寺，宝莲山宝仁寺，凤山梵天寺，南高峰荣国寺，孤山玛瑙寺，等等。

想象一下，在吴越国的百年绝代风华中，如果身在凤凰山，望向杭州城，那眼前一定是一处又一处、一幢又一幢庞殿重梁、四壁焕金的寺庙。这一处处寺庙，在

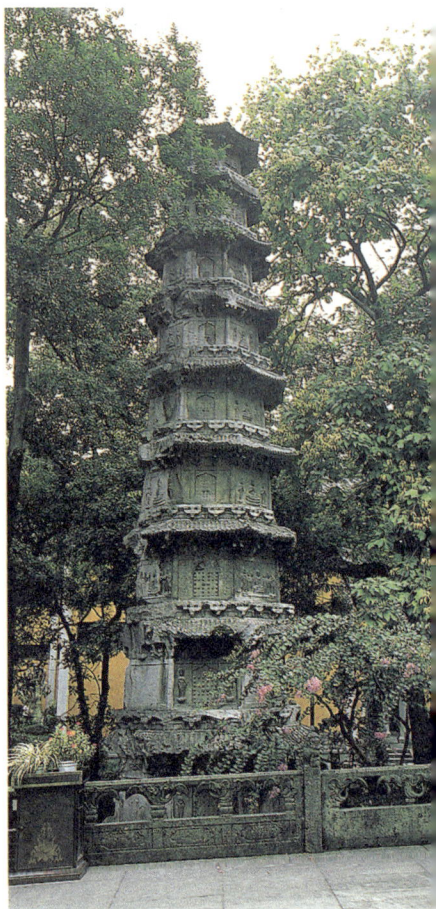

灵隐寺前的北宋石塔

松风竹影中，晨钟暮鼓，木鱼清音，香火缭绕，一定显得庄严神圣。

现如今，说起杭州最著名的寺庙，首先想到的一定是灵隐寺。灵隐寺背靠北高峰，面朝飞来峰，并不是吴越国始建的，而是建在东晋咸和元年（326）。但是因为唐末战乱，到了吴越国初期，灵隐寺已经年久失修破败了，为此吴越王钱镠请永明延寿大师重兴开拓，并且还赐了个灵隐新寺的寺名。

每到赶庙会的日子，杭州以及远近的信士香客，都会赶往寺庙拜佛礼佛。入达灵隐寺，先低头礼拜，再抬头观摩。这里有天王殿、大雄宝殿、药师殿、法堂、华严殿，还有五百罗汉堂、华严阁、大悲楼、方丈楼等等。庙宇之间，有参天古树，有嫩草雏莺，来者往者，交肩接踵。善男信女来这里拜佛求安，具有灵性慧根的人，在庄严的殿堂前悟机参禅。

在灵隐寺，除了庙宇殿堂，说是还有块大石头，叫三生石。说是有情的男女，要是在这块石头上写下各自的名字，那么三生三世都会在一起。

三生石还在，可又有谁记得，前世一起在石头上题名的人？

灵隐寺中，还挂着这样一副对联："人生哪能多如意；万事只求半称心。"可不是，人生一世，遇到的事件千千万万，哪里会事事件件都如意顺畅。月有阴晴圆缺，路有坎坷不平，自古人生不忌未竟，却忌一个满字。千事万事，能有一半称心，就相当不错了。短短两句话，真是人生真谛，生活哲理，希望更多芸芸众生能够看见，也能够看懂。

净慈寺，是钱弘俶于天福八年（954）为永明禅师建造的，位处杭州西湖的南岸，雷峰塔的对面，因为寺内钟声洪亮，从而有了"南屏晚钟"这个极富诗意的西湖景致。

关于南屏晚钟的意境，有这样的描述：夜气涵南屏，轻风薄如纸。钟声出上方，夜渡空江水。

这首诗的大意是，南屏山夜气深沉，清风徐来，钟声从山上传来，这声音好像有着轻飘的脚步，是从水面上传来的。

从诗句中，我们可以想象，夜的气息弥漫着南屏山，夜风吹拂，淡然轻薄就像纸张被掀起，山上的钟声，一声又一声，在幽远的夜空中传来，又在空旷的江湖水面上，来来回回地飘走。

而关于净慈寺最初的当家人永明禅师，也就是主持

吴越国鎏金纯银阿育王塔

重修灵隐寺的永明延寿大师，我们在前文中已经有所介绍了，是很有造诣的一位高僧，他的佛家思想，对吴越国的统治者三代五王，都影响巨大。特别是钱弘俶，他的治国理政与纳土归宋的壮举，都得到了永明延寿大师的开导与指点。也因此，永明禅师大智大慧的名声，也就传遍了大宋的朝野。连带净慈寺，也得到了朝廷以及世人的另眼看待。在天禧二年（1018），宋朝真宗皇帝还特赐禅院铜毗卢迦佛像。后来，历代杭州的达官贵人以及雅士名流，都把净慈寺当作圣地，与高僧谈诗论法，接受禅师指点迷津，从而在南屏山间，西湖岸畔，留下了许多僧俗友人相知相惜的故事。

"白鹤丛林古梵宫，壁间留像见真风。忆师去岁雷峰别，只似南柯一梦中。"这首诗的大意是，寺庙在白鹤翩飞的深林间，看到墙壁上高僧的遗像，又想起与你在雷峰塔下的相聚与分别，一切已然过去，却又像就在眼前，真的是南柯一梦。这是慧才法师逝世后，时为杭州知府的赵抃，在见到法师的壁间画像后，思念不已，黯然神伤，从而题下的。

至于昭庆寺，是吴越国所建众多寺院中的一座，时称菩提院，原址在宝石山东边，也就是现在青少年宫广场的位置，曾经有"钱塘白莲社主"之称的净土七祖省常大师，以及天台宗祖师遵式大师先后入驻，有"武林昭庆寺，为两山诸刹之最"的称谓。据说昭庆寺的面积，比灵隐寺还大。只是时光荏苒，燕来鹤去，旧迹已经不见了。

还有衍庆院、显严寺、宝仁寺、凤山梵天寺、荣国寺、玛瑙寺等等，也都或因战火，或因灾难，或因人事，已经悄然远去了。

第四节　六和塔、雷峰塔、保俶塔，塔塔现巍峨

一座古城，往往会有古塔。这些古塔或耸立在山巅，或依傍着江湖，似乎是一种特定的城市文化符号。比如北京有天宁寺塔、妙应寺白塔等，南京有弘觉寺塔、灵谷塔，西安有大雁塔，等等。

杭州，有钱塘江边的六和塔，南山路的雷峰塔，宝石山上的保俶塔，临安的功臣塔等，可谓数目众多。

杭州的佛塔，大多数是吴越国时期建造的。

塔，是佛教建筑，伴随着佛教入传而来到我国。佛塔（梵文 Buddha stupa，浮屠的意思）。这些佛塔的作用是什么呢？主要是借以体现佛的地位，存放死后高僧的尸骨舍利，也就是埋藏佛的墓冢。舍利，是佛祖释迦牟尼涅槃，弟子们将他火化，得到的珠子。这些珠子五光十色，晶莹剔透且烧不化，打不碎，是至高无上的神圣之物。在我国四大名著之一《西游记》一书中，就有个关于舍利子的故事，祭赛国金光寺宝塔中的舍利子被盗贼偷走了，从此寺院黯淡，宝塔无光。寺里的僧侣，因为没有看护好舍利子，蒙冤屈被虐打。取经路过的唐僧，有心出手帮助。神通广大的高徒孙悟空战胜妖魔，从碧波潭寻回国宝送回寺中，从而为众僧平冤，让佛塔重放光芒。

为保存佛家圣物所应运而生的塔，也是佛家的墓冢。高僧圆寂之后，以塔为冢，脱离尘世，去往圣灵之地。也因此，具有佛教象征意义的佛塔，在人们心目中的形象，那是神秘而尊贵的。

而吴越国之所以建造佛塔，是因为三代五位国王都

一心向佛，对与佛教有关的器物那是十分崇敬。

再说塔，那是高耸的建筑，六角形，八角形，或者圆形，拔地而起，一层叠一层，一层又一层，向高处伸展，高又细的塔尖，看起来好像直指苍穹，实在是美观又神奇的古代建筑。

"塔势如涌出，孤高耸天宫。登临出世界，磴道盘虚空……"这是唐代诗人岑参写登塔感受的诗歌，大意是，塔身像从地下喷涌而出，一枝独秀，一直到达天宫，登上塔，好像就出了整个人间世界，连脚下好像也觉得虚空了。把塔的高，身在高处的感觉，都描述出来了。

想想我国古代的房舍等建筑物，都是木石结构。建造高塔，靠木头可不行，必须以砖石为主。一般用平整结实的巨块石头筑墙脚，筑了墙脚后起墙，也就是用砖石砌筑墙体。建塔的砖，都是古人经过专门工序烧制的，哪怕过了千年万年，也不会轻易破碎，不会变形。建塔的工匠们，支起脚手架，一圈又一圈，一层又一层，一直往上垒筑。砌到最高层，才用上木头，搭建阁楼。

当然，要想顺利把高塔建成，肯定少不了得力的匠师。吴越国就有一位能工巧匠，他叫喻皓，是位顶级的建塔高手。

喻皓是浙东人，他的事迹，被后来的宋朝科学家沈括记录在了他的名著《梦溪笔谈》中，说他是一位了不起的精工良匠，在建筑的计算上，能做到十分精确，甚至精确到一分一毫。

再说钱镠，在唐天祐元年（904）的时候，在凤凰山南麓新修了一座寺院，叫梵天寺。在寺中，还想建造一座与之匹配承辅的宝塔，用来供奉佛祖的舍利子。

修寺，或许只需要木工手艺精湛的匠人，建塔可不行，建塔必须是良师，用现在的话来说，那是深谙建筑学的高级工程师。

那么，找谁来建塔呢？

这时候，有人就把喻皓推荐给了钱镠。

喻皓来了，来到了钱镠的面前。小民面对君王，少不了三跪九拜。钱镠看喻皓，可能是这么个场景吧，一位身子瘦削的中年男子，站在了殿堂上，有些拘谨的样子。而高座上的钱王看着眼前这人，有点难以相信，这么个其貌不扬的男子，能够建起耸入云天的高塔？对喻皓的能力，钱镠一定是将信将疑。而建造佛塔，那是很重大的事情，可以说事关家国社稷，可不能有任何的闪失，所以不能轻易动工，必须慎之又慎。

为了慎重起见，钱镠决定考一考喻皓。

钱镠让喻皓去处理一座塔，这座塔也是建在杭州城里，眼看快要建好了，但是塔身一直摇晃，让人看着害怕，担心塔身随时会倒塌。趁这个机会，就要喻皓出手试试，能不能把摇晃的塔身给稳住了。

这座塔只有七层，还算不上高塔。可是这座塔，眼看都盖到顶层了，还是一直摇晃。没盖到顶层的时候，见塔身摇晃，匠人说是因为上面没有重物镇压的原因，加上塔顶就好了。可塔顶加上了之后呢，还是摇晃。这样摇来晃去的，总不是个事。

雷峰夕照

　　喻皓听了之后，说这件事处理起来一点不难，只要把塔里的梁木，逐层用钉子钉上。钱镠一听，赶紧让人去照办。也就照喻皓说的，逐层钉上梁木。钉好之后，发现塔身果真不摇不晃了，一下子就稳定了。

　　把结果报告给钱镠，钱镠一听，当然是展开眉头笑了。

　　但是大家都不明白，怎么摇晃的塔，钉几个钉子就不摇了。喻皓便解释了，说，"六幕相联如胠箧"。也就是建筑物受到多方的牵制力，就像拼合的盒子一样，形成了稳定。这是古人的领悟与创造力，包含了现代才有的力学原理。

　　喻皓主持的宝塔造好了，定名叫南塔，巍峨又精致，俊秀又挺拔。因为这南塔供奉钱镠从宁波阿育王塔请来的舍利子，所以又叫阿育王塔。而这位能工巧匠喻皓，也就被誉为"造塔鲁班"。

钱镠从此对喻皓十分赏识与器重，给他封了个"都料匠"的名衔，让他专门掌管建塔造塔所有事宜。

后来喻皓还被宋太宗请到汴京去造塔，督造开宝寺塔。据说这塔在开建之前，喻皓先做了个模型，可以说是世界上第一座建筑模型。

说是这开宝寺塔建成之后高十三层，共三百六十尺，一定也是美轮美奂的参天高塔。只是这塔的塔身不是笔直的，而是倾斜的。宋太宗以及满朝文武，都不理解了，为什么塔身斜而不正呢，是不是吴越国纳土归宋了，浙人还有什么心思，借这建筑来隐喻或影射。

喻皓解释了，这塔的斜身，是为了抗风，抵挡当地的主要风力，并预计一百年后，塔会慢慢被吹正。

以为人家心术不正，其实人家连塔周围的风向，以及风力的大小都考虑到了，真是良工匠心。

喻皓晚年根据自己的实践和心得，写成了《木经》一书。全书分为三卷，其中有《取正》《定平》《举析》《定功》等篇章，可以说是一本建筑方面的奇书名著。只是在千年的岁月长河中，这本书已经散佚了。除了《梦溪笔谈》和明代陶宗仪所编《说郛》中有零星记载，全本已经是找不回来了，实在是一桩十分遗憾的事情。

"湖上两浮屠，雷峰如老衲，保俶似美女"，说的是西湖边的两座佛塔，雷峰塔和保俶塔。

雷峰塔，又名黄妃塔，是吴越国王钱弘俶奉藏佛螺髻发及佛经建造的。后来明朝时因为倭寇入侵杭州，对雷峰塔进行了残恶的焚烧，导致塔内的木结构全部被毁，仅存塔身。这塔身竟然还耸立了近四百年，才于 1924 年 9 月 25 日轰然倒塌。2002 年，在雷峰塔原来的遗址上，雷峰塔得到了重新建设。新建成的雷峰塔，沿袭旧塔的式样和风貌，并将现代铜装饰工艺运用于塔身，各层盖铜瓦，转角处设铜斗拱，飞檐翘角下挂铜风铃，所以整座塔看上去，那是古色新韵，无比优美。每当夕阳西下，彩光红霞镀上塔身，就好像佛光普照，所以雷峰塔成就了西湖边的最美景点——"雷峰夕照"。

想当年，夕照下塔身残败的雷峰塔，就好像布衣老者，与人默默讲述着杭州城的古往今来，昨非今是，所以说雷峰如老衲。与雷峰塔相关的，还有《白蛇传》的故事。西湖边，修炼成仙的白蛇，与人间书生许仙在断桥上相遇，从而相爱相许。原本美好的爱情，却受到了代表封建清规戒律的法海和尚的打击，不仅把有情人拆散，还把白娘子镇到了雷峰塔下。雷峰塔，似乎成了封建社会破坏自由、打压爱情的一件器物，有了助纣为虐的嫌疑。当然，雷峰塔是无辜的，但像法海这样的封建恶势力，肯定是受人排斥与鞭笞的。

保俶塔，在宝石山上。因为山岩呈赭红色，每当阳光映照，满山红艳光亮，就好像绚丽缤纷的彩霞在流动，从而有了"宝石流霞"的美景。

吴越国建造保俶塔，是因为钱弘俶决心要纳土归宋，为了祈求佛祖、上天保佑平安，就建造了这座塔。身为吴越国王的钱弘俶很清楚，自己辞别家乡北去，之后的人生，一定是无根的游子，不能再回到故土。而且北上之后，自身及整个家族的命运，都很可能是身不由己了，

所以建造一座塔，来向上苍祈福求安。这座塔最初的塔名，叫宝所塔。钱弘俶离开之后，杭州的老百姓希望君王远在他乡能够平安无事，才把宝所塔改称为保俶塔。

而现今所见的保俶塔，并不是当年建成的模样。建成时的塔身是九级，后来在岁月烽火中屡毁屡建，才改成了现今的七级。保俶塔站立在美丽的宝石山上，塔身挺拔又纤瘦，在青山翠湖的拥簇下，看上去就像一位温婉秀丽的江南女子，也因此，保俶塔被比喻为美人。

杭州东面的凤凰山上，也就是吴越国王宫的旧址，还保存着一座梵天寺的经幢。这座经幢是用太湖石凿就的，八面幢身上都刻有佛经和菩萨像，十分精美。幢身在历经千年沧桑变幻后，依然挺立在凤凰山上。是吴越国大量建筑被岁月褫夺毁灭之后，所留不多的遗存之一，十分可贵。

第八章

从钱氏君王的诗篇里，解读故里临安

第一节　家住石镜山下

　　咸通中，予方龆龀，尝戏玩临安山下，忽见一石屹然自立，当甚惊异。自后便在军门四十年。昨回乡里，复寻此石，见岩峦秀拔，山势回抱，堪为法王精舍，遂创禅关，以此石为尊像之座，表其感应。因成七言四韵。

　　　　卅岁遨游在此山，曾惊一石立山前。
　　　　未能显瑞披榛莽，盖为平凶有岁年。
　　　　昨返锦门停驷马，遂开灵岫种青莲。
　　　　三吴百粤兴金地，永与军民作福田。
　　　　　　　　　　　　——钱镠《石镜山并序》

　　这篇序文的大意是：唐咸通年间，我还是一名孩童，曾经在临安的山间玩耍，忽然看到一块立起来的大石头，觉得十分惊讶。以后，我进了行伍，南征北战近四十年。昨日回到故乡，再特意找这块石头，在山上，只见岩石峰峦清秀挺拔，山形环抱，可以做佛家庙堂，所以就创立了禅关，用这块雄立的大石头来做尊者佛像的底座，以彰显神灵与人事的交感相应。为此就作了首四韵七言诗。

诗文的大意是：扎双角辫的小童游石镜山，惊叹山上一块立起来的巨石，长大后，我没能够呈上祥瑞的祭品，就匆匆穿上了战衣，抗击贼兵强寇一晃多年。昨天又回到故乡衣锦城，才停下车马，就拨开灵秀山间雾岚，让秀山与佛家结缘。只希望东海之滨，曾经被吴国和越国统治过的，民族众多的地域，以后永远是吴越国军民的福地。

钱镠生长的地方，就在这临安的石镜山下。

临安，是从西晋太康元年（280）起下的名字，后来一直沿用。临安的东南面，有两座山，一座就是前面诗文中提到的石镜山。这石镜山名字来历，就是说山上有块立起来的巨石。但是在民间的传说里，这块大石头是一面神镜，一般人在石镜前照一照，还是老样子，有出息的人照一照，立马会变个样。比如钱镠，还是乡间顽童，站在大石头前照一照，镜子里立马出现一个穿蟒袍戴高冠的大人物形象。神石所在之山，也就被称作石镜山。另一座山在石镜山的旁边，当时叫大官山，也是钱镠小时候玩乐的地方。钱镠发迹后，于后梁贞明元年（915），在大官山上建了座功臣塔，大官山也就改名为功臣山。

功臣山下，有个小村子叫钱坞垄，就是钱镠的出生地。钱坞垄的住户大都姓钱，据说是彭祖的后代。传说彭祖活了八百岁，是位大寿星。彭祖不姓彭，姓篯，叫篯铿。这钱姓，就是从篯姓中得来的。

钱镠的父亲叫钱宽，母亲水丘氏，就在这钱坞垄种田，也去苕溪里打鱼，也就是渔耕人家，平常农户。前面介绍过了，钱镠出生时，因为产房里出现异象，差点被他父亲丢进井里，是阿婆救了他，所以他的小名叫婆留。那口差点淹死他的婆留井，就在钱坞垄的村子里。

距离钱坞垄不远，就是临安城了。

钱镠对家乡临安的感情非常深厚，坐镇杭州之后，比杭州更早一步，修筑了临安的城墙。据说钱镠修筑的临安城，不管是建筑材料，还是城墙的高度，以及城楼的巍峨气派，都与杭州城不相上下。

坚固的临安城，在保护临安城民，抵挡敌军对国都杭州城的进攻中，都起到了大大的作用，立下过不小的功劳。

其中一次便是天复元年（901），前文也已经有所介绍了，吴越国大将顾全武与吴国战将李神福，在临安城外展开对阵，你来我往，一时间难分胜负。但是顾全武中了李神福的计谋，以致被敌军活活擒拿了下来。之后李神福一鼓作气，想要攻下杭州城。当时吴越国已经失去了顾全武这位最强有力的大将，以李神福的战斗力，攻下杭州城，甚至灭掉吴越国，都是很有可能的。

但是，李神福的队伍很快受阻了。

阻挡他们去路的，就是临安城。

李神福从西面扑向杭州，必须先通过临安这一关。

临安城池十分坚固，临安的将士们也十分英勇，面对强大的敌军，进行了最顽强的抵抗。所以，就算李神福军队发起了一次又一次的进攻，但始终攻不下临安城。因为长时间都无法突破临安这道防线，李神福只好放弃了攻打杭州城的打算，返回了吴国。

还有一次是在乾化三年（913）四月，吴国将领李涛

临安钱王陵园

带领兵马两万人，越过浙皖交界的千秋关，扑向临安。

吴越国兵将在钱元瓘的率领下，在临安城外设下埋伏，与敌军交战。两军几经交锋，也是一直没能决出胜负。

后来李涛望向临安城，见临安城的上空，有一团龙虎形状的云彩。他看到这样不同寻常的云彩，大大吃惊，认为对手钱元瓘一定不是凡人，他身上有股霸气，才促成了这样的天象。在古人的眼里，天象奇异又神圣，万万不可侵犯。李涛连忙指挥兵马，原路折回。

钱元瓘见对方跑了，赶紧放马追杀，一直追到宣州广德（今安徽广德县），并攻下了广德县城。

再说在临安城的东面，还有座山，当时叫茅山。钱镠薨逝之后，茅山成了钱王的墓葬地，被改名为太庙山。

现如今太庙山钱氏墓葬群被统称为钱王陵园，是全国重点文物保护单位。钱镠墓有大型封土堆，长宽各约五十米，高九米，地表遗存华表、石马、石羊等石刻。还有钱元瓘与王后马氏的康陵，保存得较为完好，墓室为砖廊石室，分前、中、后三室，前室有壁画，后室刻有天文图，四壁有石刻浮雕和彩绘牡丹图案，十分精美，可以详细反映出吴越国当时的雕刻、绘画等艺术。

钱王故里，人杰地灵。

第二节　衣锦还乡，千年前那场空前的盛会

三节还乡兮挂锦衣，碧天朗朗兮爱日辉。
功臣道上兮列旌旗，父老远近兮相追随。
家山乡眷兮会时稀，今朝设宴兮觥觥飞。
斗牛无孛兮民无欺，吴越一王兮驷马归。

——钱镠《还乡歌》

这首诗的大意是：我钱镠出任了三地的节度使，如今身穿锦绣华丽的衣服，在这个晴空明朗的冬日里回到家乡，看望家乡的亲人们。家乡的道路两旁列满了迎接功臣的旗帜，父老乡亲跑过来追随在我的身边。家乡的亲戚朋友难得相见，今天摆下宴席请大家好好喝上一杯，一起开怀叙旧。我钱镠通过打拼，使得吴越国境内没有了动乱，民众不再受人欺压，而身为吴越国王的我，今天坐着华丽高贵的马车还乡啦。

"衣锦还乡"这个成语的典故，并不是从钱镠这里来的，而是来自西楚霸王项羽。项羽是秦朝末年的起义军领袖，在推翻秦朝统治的战争中成就了一方霸业，自称西楚霸王。后来还与汉王刘邦争夺天下，也就是史书上说的楚汉争霸。项羽建立了巨大的功业之后，说过一句

话："富贵不还乡，如锦衣夜行。"也就是说，一个人取得了了不起的功绩，跻身上流社会，如果不回到家乡展示一下，就如同穿着体面的衣服走夜路。好衣服穿在身上不被人看见，穿了也是白穿。好比说，原先是一个穷小子，被亲戚朋友连同熟人都瞧不起，有一天出息了，就想回到曾经看不起他的人面前，展示展示。当然这么做也未必是为了耀武扬威，只是想说明或证明，自己是有能力的。

钱镠衣锦还乡，动静很大的有两次，第一次是唐昭宗天复元年（901），时逢钱镠五十岁诞辰，又被封为彭城郡王。第二次是后梁开平四年（910）十月，这一年钱镠已经做了三年的吴越国王。

那么我们就来回顾一下，当年那场惊动山河的衣锦还乡盛典吧。

钱坞垄出生的野小子钱婆留呀，他曾经在大官山下弄刀耍枪，也曾经贩卖私盐闯荡江湖，可他没有走上歪门邪道，在国家需要的时候，挺身而出，横刀立马，为朝廷为百姓，修筑了坚实的城墙，建立了富强的国，保全了一方家国城池的锦绣与安宁。如今，作为功臣，他的画像已经挂上了凌烟阁。那凌烟阁上悬挂的，是长孙无忌、杜如晦、魏徵、房玄龄这样的大人物呀，钱镠与他们同列了。钱氏家族，还握上了"金书铁券"。这是可以让钱氏家族子弟减刑免死的金书铁券，不仅代表着皇恩浩荡，也见证了钱镠的劳苦功高。想想吧，钱镠一手打拼创立的吴越国，如今已经是城墙修好了，城固楼高，捍海塘坝筑成了，生产发展了，国家富强了，百姓丰足了，那么，是该轻松一下，回到家乡，去看看自己的父母亲人，去看看临安的父老乡亲们。

应该说，在钱镠和项羽这些大英雄的内心，都有着浓厚的乡情与亲情。要说回乡是为了跟乡亲们显摆，显摆自己现如今身份地位的了不起，应该不是这样，干大事业的人，哪里会这么肤浅？他们是念旧，是怀乡，是富贵贤达之后的不丢根，不忘本。

　　钱镠要衣锦还乡的消息，就像一夜春风，传遍了临安的家家户户。想象一下，临安的百姓，听到钱大王要还乡看望大家了，当时的心情与场景，一定是喜笑颜开，心花怒放，乐不可支，奔走相告。

　　期盼已久的盛大日子，终于到来了。

　　这一天，衣锦满城的人们，还包括四野的道路和树木，都披锦戴绣。这一定是，临安城临安人，古往今来，最沸腾的一天，最风光无限的一天。

　　看，钱大王的人马车辇，从东面杭州城的方向，缓缓而来了。满临安城的人们，一定是跑着，跳着，欢呼着，挥扬着交织着亲情与崇敬的手臂，人人热泪盈眶，个个欢天喜地。

　　再想象一下，宽广盛大的广场上，张灯结彩，人山人海，人声鼎沸。场地中间，是高大又庄重的站台。身披锦绣的钱大王，一步步登上台来，高高地站立。面对眼前的父老乡亲，钱王的脸上，肯定与大家一样，春风拂面，笑颜大开，也或许眼含波光，是动情的泪水，散发着爱人爱民的光芒。

　　根据《吴越备史》等史料记载，钱镠当日作了这首《还乡歌》，就在庆典上，当众高声诵读。

只是呢，钱镠在台上诵完了，却没见下面有人拍手。只见乡民们，皱眉的皱眉，发愣的发愣。

这是怎么回事？

这时下面的人群中或许在这样议论，年轻的人说，大王好像念了诗，只是听不懂。年老的说，介个（这个）钱婆留，出去几年，回来连老家话都弗晓得（不知道）讲了，真是的。

钱镠很快明白怎么回事了，赶紧用家乡话，再唱了首歌：我见侬的欢喜，别是一番滋味，子长在我心底……

这么一唱，众人也就拍手欢呼了。连白胡子的临安老伯，也眯起双眼，笑呵呵说，格么我晓得啦（这样我就知道了）。

钱镠在举行了盛大的衣锦还乡活动之后，临安城被改名为衣锦城，临安还被抬升为衣锦军。这衣锦军的行政级别，不再是郡下县，应该仅次于州，或者与州并列。所以在钱弘俶的"纳土归宋"奏表中，明确写着"所部十三州、一军、八十六县"。这"一军"，就是衣锦军，名列十三州之后，县之前。

据说钱镠这次衣锦还乡之后，重游了临安的山山水水，并改大官山为功臣山，石镜山为衣锦山，石镜溪为锦溪，还改名了锦桥、衣锦营、保锦山、画锦台、画锦坊等等。就连钱坞垄村口，那棵他小时候攀爬玩耍的大树，也被封为"衣锦将军"。从此，临安县治所在的城镇，就叫衣锦城。可以说，临安的山山水水，泽被了钱大王的荣光，从此都披上了锦绣，成了知名的锦绣之地，锦绣之乡。

但是呢，也有人对钱镠的衣锦还乡不以为然，认为他讲究排场，劳民伤财。其中，就包括他的父亲钱宽。说是钱镠在还乡仪式中拜完了列祖列宗，打算再拜他的父母，一看，母亲在，父亲却不见了。这个老父亲，难道还挤在看热闹的人群中？赶紧让人找。可是到处找，都没见到老人的身影。

后来，有人替钱镠的老父亲钱宽传来了话，他说我们钱家，世代居住在钱坞垄，种种地打打鱼，从来都是本分人家，现在你钱婆留虽然是一方之主，但是处于乱世，四面受敌，哪有一天的安稳？在这样的局势下，不顾生死，讲究什么富贵排场，搞什么衣锦还乡，只怕这种事不仅劳民伤财，还会树大招风，引起敌国的注目，从而给自己，也给别人，惹上大灾大祸。

能说这些话，正所谓严父慈心吧。钱宽，这位临安老人，跟儿子说了非常实在的话，也说出了以俭为德、以俭立身的朴素道理。他在热闹喧天的节庆之际，偏要说这些泼冷水的话，为的还不是儿孙好，为的还不是家国好？

所以钱镠听了父亲传来的话，认为父亲说得没错，吴越国虽然国内比较安宁，但周边一片烽火，这个时候处事应该慎之又慎，办事应该以节俭为本，实在不应该搞铺张浪费的事情，更不应该因为自己的私念，就惊官扰民，劳民伤财。

从此以后，钱镠汲取了教训，再没有搞过衣锦还乡之类的大活动大仪式。

所以说，钱镠一生中能坚持以"民为重，社稷次之"为治国宗旨，以宽仁慈悲作为自己做人的准则，这才是他给亲人的，给父老乡亲们的，最大最好的答馈吧。

第三节　故乡，永远烙在游子的心底

竹树参差处，危墙独木横。
锄开芳草色，放过远滩声。
稚子当门卧，鸡雏上屋行。
骑牛带蓑笠，侵晓雨中耕。

——钱弘佐《村家》

这首诗的大意是：乡村间到处可见树木和竹林，前面一幢破旧的房屋旁边，还横着一棵大树。农夫在挖地，他的锄头下面，一片绿草青青。远处传来的，是河滩间的水流声。小孩儿躺在门前，小鸡在屋墙上行走。农人身穿蓑衣头戴笠帽，骑在牛背上。天刚亮，还下着雨，辛勤劳作的人们便在田地间忙着耕种。

整首诗，就是一幅画，描绘出非常平静又美丽的乡村景象。这乡景中有竹林，有树，有房屋，有田地，有鸡，有顽皮的孩子，还有在一川春雨中忙于耕作的农人。看后人辛弃疾所作的词《清平乐·村居》："茅檐低小，溪上青青草。醉里吴音相媚好，白发谁家翁媪？　大儿锄豆溪东，中儿正织鸡笼。最喜小儿无赖，溪头卧剥莲蓬。"其中有茅屋、老人、大儿、中儿、小儿、莲蓬……同样的景致，不同的描述。一个写"稚子当门卧"，另一个写是"最喜小儿无赖，溪头卧剥莲蓬"，都只用几个字，就把乡野儿童调皮的形象，鲜活地给呈现出来了。

钱弘佐诗中描写的乡村，就是他的祖籍地临安吧。

钱弘佐作为武肃王钱镠的孙子，文穆王钱元瓘的儿子，他的出生地应该是在吴越国的深深王宫里。钱氏原

表忠观碑全景

乡临安对他来说，或许没能像父祖一样，有着血肉相连的乡土深情。但从这首诗中看，他也是十分热爱这片土地，热爱这清新的乡间，热爱淳朴的乡民。完全看得出来，故土与乡亲，以及所有从事稼穑的农人，在他钱弘俶心里，都是沉甸甸的。

钱氏君王恋故乡，故乡处处是美景。

在临安的城东，有座洞霄宫，是吴越国君臣时常光临的地方。

洞霄宫是著名的道教宫观，又称大涤洞天，天柱观。与北京的白云观、山西的永乐宫、成都的青羊宫齐名，是道教三十六洞天、七十二福地之一。洞霄宫所在的大涤山，主峰叫白鹿山。这白鹿山的名字也是有来历的，说是曾经有位在这里修炼的道人，得道成仙之后，骑着一头白鹿升天了。

214

在洞霄宫，有高高的天坛，有苔藓斑驳的坛阶，有兀自耸立的青松，有清风与飞鸟。炼丹的高人不见了，只有叫声像吹箫的鸟，伴着山间的日升月落，亮起清脆的嗓音。

这样的景致，幽深又淡然，宁静而旷远。

洞霄宫创建于汉武帝时候，据《浙江通志》记载，"汉元封三年（前108），建宫于天柱中峰下"。唐代弘道元年（683），建天柱观。乾宁二年（895），钱镠改建后称天柱宫。洞霄宫地处一群山峦之间，一眼望去，真的是群山如屏，幽谷深深，古木葱茏，云升雾腾，就像是神仙居住的地方。在洞霄宫兴盛时期，仙人隐士，名道高僧，帝王将臣，文人墨客，可谓交肩接踵，热闹非凡。

吴越国王钱镠，曾经亲自题写过《天柱观记》，其中写道，"天柱观者，因山为名，按传记所载，皆云天有八柱，其三在中国，一在舒州，一在寿阳，泊今在余杭者皆是也"，"而况大江之南，地兼吴越，其峰峦，西接两天眼之龙源，次连石镜之岚岫，东枕浙江之迢派，可谓水清山秀"。

天柱观，也就是洞霄宫的另一个称谓。从钱镠的文章中，可以读到这样的内容，中国三天柱之一的洞霄宫，地处江南，天目山的龙源从西而来，流经这里，有石镜山的明月清风伴随着，东面还有滚滚的钱塘江流，是处山水清秀的好地方。

洞霄宫西面，不足百里地，便是天目山。

天目山，可是早就盛名远扬的大山名川，有着"大树华盖冠九州"的美誉，以古树奇峰闻名于世。因为东西两峰的山顶上，各有一口水池，就像苍天之下，高峰之上，两只清澈又深幽的眼睛，所以叫天目山。天目山有东西两座高峰，也就称东天目和西天目。

天目山在公元前就已经开山，北魏郦道元所著的《水经注》中就有关于天目山的记载。晋唐时期，是天目山最鼎盛的时候，据说当时山中汇聚着儒、释、道等各家各派，建有寺院庵堂五十多座，僧道多达千人以上。

看看梁朝诗人吴均描写天目山的诗作《山中杂诗》："山际见来烟，竹中窥落日。鸟向檐上飞，云从窗里出。"从中可以读出，山间飘着烟云，竹缝看见落日，鸟向着人居飞来，云在窗口自由出入。竹影摇曳，云雾缥缈，一定是神仙居住的地方。

据史料记载，郭璞、陶潜、萧统、谢安、李白、孟浩然等诗人名士，都来过天目山，留下了弥足珍贵的诗篇歌咏。《天目山讖》中的诗句"天目山垂两乳长，龙飞凤舞到钱塘"更是流传深远。

想象一下天目山当年的情景，峰巅之上，山谷之中，木鱼声声，青烟缕缕，僧俗友人，相约崖下，鸟语清歌，相伴晨昏。

而吴越国诸王，也是一次次踏脚天目山，赏古树，看山花，品清泉，揽松风，与高僧仙人相会品茗论道，也讨论经天纬地的治邦之术。

天目山上，还有昭明太子洗眼池、倒挂莲花峰、四面峰、五世同堂等等胜境。

天目山往西，就到了昌化。

　　昌化也是座古城，远在唐朝时候，就设置有昌化县。昌化是大山里一个民风特别淳朴的地方。境内有大明山、清凉峰这样的大山名峰，山间经常有猛兽毒蛇出没，但却是遍山珍宝，不仅有珍稀树种，还产出各种名贵的中草药材。昌化的西南面，有昱岭关，既是皖浙交通的要道，也是世代兵家相争的古关隘。吴越国的兵将，当年在顾全武等将领的带领下，也就是在这关口岭头，一次次与吴国兵马交锋。那时山岭间的景象，一定是兵来将往，烽火连天。昌化的西北面，是一个叫昌北的地方，近百里地域全是崇山峻岭，高峰深谷。山里与外界少有联系，几乎处在全封闭的状态。但是深山中风景优美，山里人安居乐业，就如同五柳先生陶潜笔下的世外桃源。

　　再说回深恋乡村美景的吴越国王钱弘俶，他一生撰写的诗文不少，大多收录在《吴越钱氏传芳集》中。从这些诗作中可以看到，作者的文字清新，文笔优美。特别是早期的作品，如这首《村家》，字里行间洋溢着乡

钱镠雕像

间花草般清新明净的气韵，空灵又生动。但是自从完成"纳土归宋"，北上进京之后，故国与家园，以及他无比热爱的江南城乡，从此都不能再见了。故国故乡，都成了梦中殿阁，想好好看一眼，却总是萦绕着云烟，缥缥缈缈，再也看不清了。

这时候钱弘俶创作的诗文，以歌颂皇恩皇德为主。

"早暮三思恩泰极，饱餐丰馔饱亲光""惭愧圣恩优渥异，不教炎暑冒长岐"。也就是说，早晚，连用餐吃饭时都在感念大宋君王的隆恩，又说宋君给的恩宠太大，真是感觉过意不去，不管冬夏都不用担心会遇到困难。

这些歌颂宋朝君主的诗作，不管钱弘俶是出于真心还是假意，但是为了曾经的吴越国，也为了整个钱氏家族以及他自己的安危，他是必须这么做的。

而内心，一个远离故国家园的人，他内心的苦，也许只有他自己知道。有几回，是不是梦回江南，梦回故国家园，又走在了竹林春树中的乡村小道，看着锄头下满坡的芳草，看着小孩子随意地趴在门前，看着穿蓑戴笠的农人，在肥沃又广阔的田野中，自由地耕作春光，收获秋色。

所以，钱弘俶在自己六十整寿的这一天，再也忍不住了。几乎是，不顾一切地写下了一首诗，一曲心歌，也是以性命换取的绝唱。这首诗的整体已经遗失了，只留下了其中的残句，这便是"帝乡烟雨锁春愁，故国山川空泪眼"。

帝乡再好，也只是一把锁，锁住了离乡游子的一身愁怨。心心念念的，欲罢不能的，刻骨铭心的，生死难忘的，还不是故国，还不是故乡的河山?

故乡啊故乡，在游子的心头，烙下了恒久的疼痛与哀伤!

钱弘俶用性命换取的诗句，与南唐后主李煜的"小楼昨夜又东风，故国不堪回首月明中"，是不是有着同样的感伤，同样的深情，同样的欲语还休?

钱弘俶终于吐出心声了，生与死，不再考虑得太重，反正自己的年岁已经过了一个甲子，岁月轮回，人生也算圆满了。那么结果也是可想而知的，就在寿庆的晚上，他便撒手人寰了。白天在寿宴上都好好的，怎么晚上就没了? 都知道，李煜是被宋太宗送毒酒赐死的。那么钱弘俶的死，是不是与李煜如出一辙?

不管怎样，一切都过去了，吴越国已经成了历史。

白云悠悠，苍狗匆促。

一晃，都远了。

"吴越地方千里，带甲十万，铸山煮海，象犀珠玉之富，甲于天下，然终不失臣节，贡献相望于道。是以其民至于老死不识兵革；四时嬉游，歌鼓之声相闻，至于今不废……"

这段文字的大意是：吴越国辖地方圆千里，拥兵十万之众，依山傍海，拥有的宝物财富为天下最多，却始终不改变君臣礼节，不断向中原朝廷进献贡品，从而使得吴越国民到老到死都没有被卷入战争，可以时时高兴玩乐，到处听到歌鼓之声，直到今天都没有停止。

钱王祠

这段文字出自《表忠观碑》。碑文是宋代龙图阁学士、时任杭州知州的苏轼撰写的，用来表彰吴越国钱氏君王的政绩与功德。

后来的人们，对东南地域吴越国这段历史，对治理吴越国的钱氏君王，大多与苏轼一样，给予了充分的肯定与礼赞。

杭州城，曾经的东南都会，如今的江南胜地，人杰地灵，风华绝代，美如天堂，令多少人心生向往，也令多少人追赶随同。

新时代的杭州，就像日夜奔腾的钱塘江，江流浩荡，大潮擎云，气象万千。

而千百年以来，杭州人不会因循守旧，故步自封，只会马不停蹄，迎难而上。不会狂妄自大，一叶障目，只会克己复礼，大局为重。这些，或许正是当年吴越国的精神风尚。是故人留给今人的，一份隐形财富，弥足珍贵。

日出江花红胜火，春来江水绿如蓝。

天堂从此在人间。

美好。

参考文献

1.《二十四史·旧唐书》《二十四史·旧五代史》，线装书局。

2. 墨竹：《不忍细看的五代十国史》，台海出版社。

3. 杨渭生：《一剑霜寒十四州——吴越英主钱镠》，杭州出版社。

4. 吕春生、梅鹊主编：《吴越钱王》，浙江摄影出版社。

5. 王建华：《钱镠与西湖》，杭州出版社。

6.《杭州简史》，杭州出版社。

7. 杭州佛学院编：《吴越佛教》，九州出版社。

8. 桑广书：《老杭州记忆》，当代世界出版社。

9. 钱益知：《杭州地名史话》，中国国际广播出版社。

10. 高文麟：《江浙吴越文化》，经济科学出版社。

11. 钱复编：《钱氏家训》，上海古籍出版社。

12. 朱晓东编著：《物华天宝——吴越国出土文物精粹》，文物出版社。

13. 李最欣：《钱氏吴越国文献和文学考论》，中国社会科学出版社。

14. 钱俨编：《吴越备史》，中国书店。

15. 江跃良主编：《临安历代诗词汇编》，团结出版社。

16. 张务德、陈洁行主编：《三吴都会——古代杭州城市建设》，当代中国出版社。

17. 阳作军：《趋同与重塑——杭州城市景观的历史演变与规划引领策略》，中国建筑工业出版社。

18. 王国平总主编：《西湖史话》，杭州出版社。

19. 周密：《武林旧事》，中州古籍出版社。